DE QUELQUES LOIS SPÉCIALES AU LOUAGE DE TRAVAIL

LE

PATRON & L'OUVRIER

DEVANT LE

2606

CONSEIL DE PRUD'HOMMES

2e ÉDITION, REVUE, CORRIGÉE ET AUGMENTÉE

Par A. NOUVION-JACQUET

Président du Conseil de Prud'hommes de Reims.

PRÉFACE

de M. Paul BEAUREGARD

Député de la Seine,
Professeur d'Économie Politique à la Faculté de Droit de Paris,
chargé du Cours d'Économie Sociale au Conservatoire National des Arts et Métiers.

M. Jules SIEGFRIED

Sénateur de la Seine-Inférieure, Président du Groupe de l'Économie sociale de l'Exposition de 1900,
ancien Ministre du Commerce et de l'Industrie,
a décerné au nom de la Société Industrielle de Reims, une médaille de vermeil aux auteurs de la
1re Édition de cet ouvrage.

LA CONCILIATION EN PRÉSENCE DE LA LOI. — L'APPRENTISSAGE.
LE LOUAGE DU TRAVAIL ET LA LOI DU 27 DÉCEMBRE 1890. — L'EMBAUCHAGE. — LA PÉRIODE D'ESSAI. — LES SALAIRES.
LES RÈGLEMENTS D'ATELIERS ET DE CHANTIERS. — LES DÉLAIS DE PRÉVENANCE.
LA RUPTURE DU CONTRAT DE LOUAGE DU TRAVAIL.
LES DOMMAGES-INTÉRÊTS. — LE MARCHANDAGE. — LE CONGÉ. — LES LIVRETS D'OUVRIERS.
LES CERTIFICATS ET LA LOI DU 2 JUILLET 1890. — ÉTUDE SUR LES GRÈVES. — LE MANDAT IMPÉRATIF.
ÉTUDE RÉTROSPECTIVE SUR LES CONSEILS DE PRUD'HOMMES ET SUR LA FUTURE LOI PRUD'HOMALE.

Dépôt principal chez L. Larose, Directeur de la Librairie de la Société du *Recueil général
des Lois et des Arrêts* et du *Journal du Palais.*

RUE SOUFLOT, PARIS.

1898

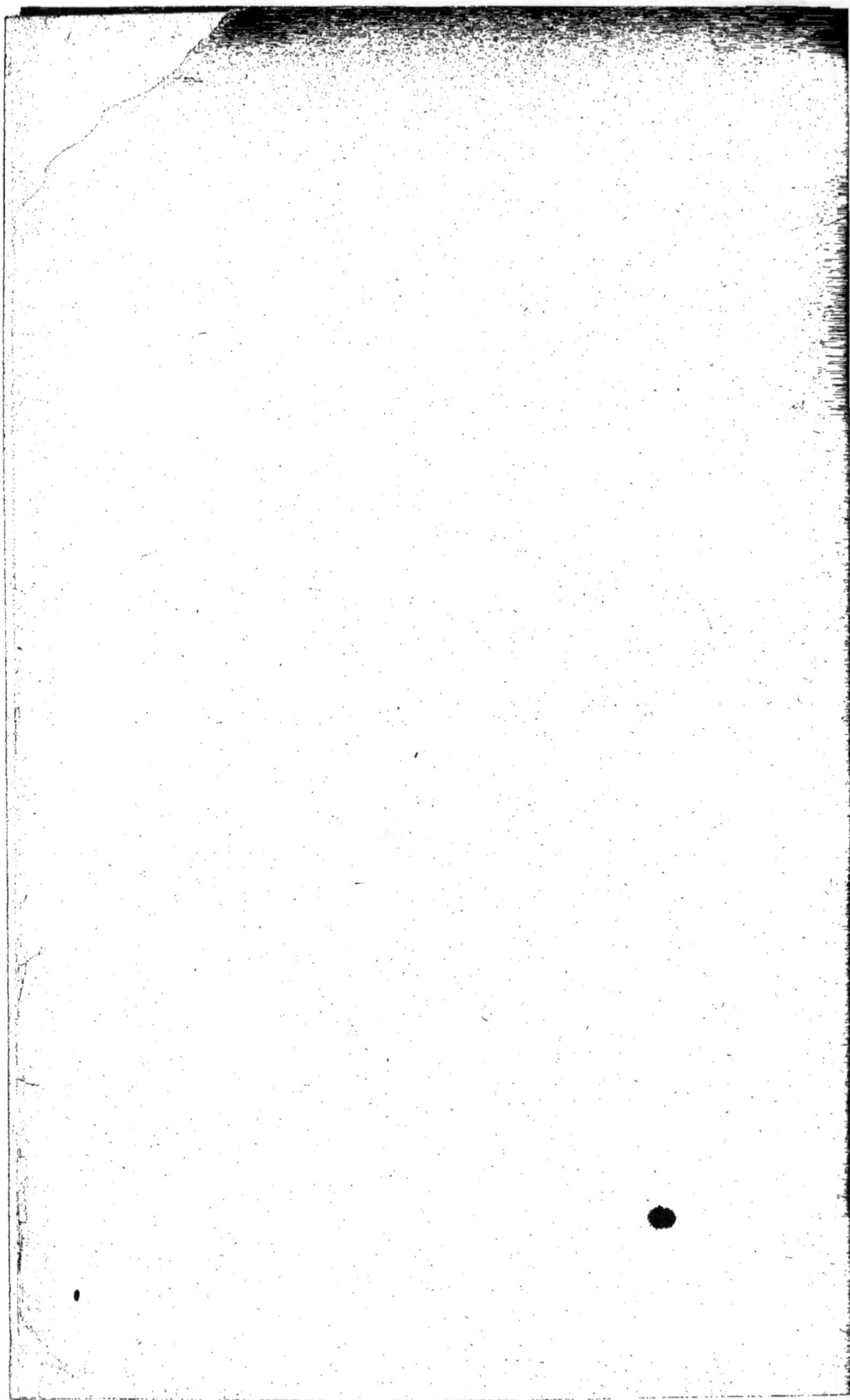

LE

PATRON & L'OUVRIER

CONSEIL DE PRUD'HOMMES

———

DE QUELQUES LOIS SPÉCIALES AU LOUAGE DE TRAVAIL

LE

PATRON & L'OUVRIER

DEVANT LE

CONSEIL DE PRUD'HOMMES

2ᵉ ÉDITION, REVUE, CORRIGÉE ET AUGMENTÉE

Par A. NOUVION-JACQUET

Président du Conseil de Prud'hommes de Reims.

PRÉFACE

de M. Paul BEAUREGARD

député de la Seine,

Professeur d'Economie Politique à la Faculté de Droit de Paris,
chargé du Cours d'Economie Sociale au Conservatoire National des Arts et Métiers.

M. Jules SIEGFRIED

Sénateur de la Seine-Inférieure, Président du Groupe de l'Economie sociale de l'Exposition de 1900,
ancien Ministre du Commerce et de l'Industrie,
a décerné au nom de la Société Industrielle de Reims, une médaille de vermeil aux auteurs de la
1ʳᵉ Edition de cet ouvrage.

LA CONCILIATION EN PRÉSENCE DE LA LOI. — L'APPRENTISSAGE.
LE LOUAGE DU TRAVAIL ET LA LOI DU 27 DÉCEMBRE 1890. — L'EMBAUCHAGE. — LA PÉRIODE D'ESSAI. — LES SALAIRES.
LES RÈGLEMENTS D'ATELIERS ET DE CHANTIERS. — LES DÉLAIS DE PRÉVENANCE.
LA RUPTURE DU CONTRAT DE LOUAGE DU TRAVAIL.
LES DOMMAGES-INTÉRÊTS. — LE MARCHANDAGE. — LE CONGÉ. — LES LIVRETS D'OUVRIERS.
LES CERTIFICATS ET LA LOI DU 2 JUILLET 1890. — ÉTUDE SUR LES GRÈVES. — LE MANDAT IMPÉRATIF.
ETUDE RÉTROSPECTIVE SUR LES CONSEILS DE PRUD'HOMMES ET SUR LA FUTURE LOI PRUD'HOMALE.

Dépôt principal chez L. Larose, Directeur de la Librairie de la Société du *Recueil général
des Lois et des Arrêts* et du *Journal du Palais*.

RUE SOUFLOT, PARIS.

—

1898

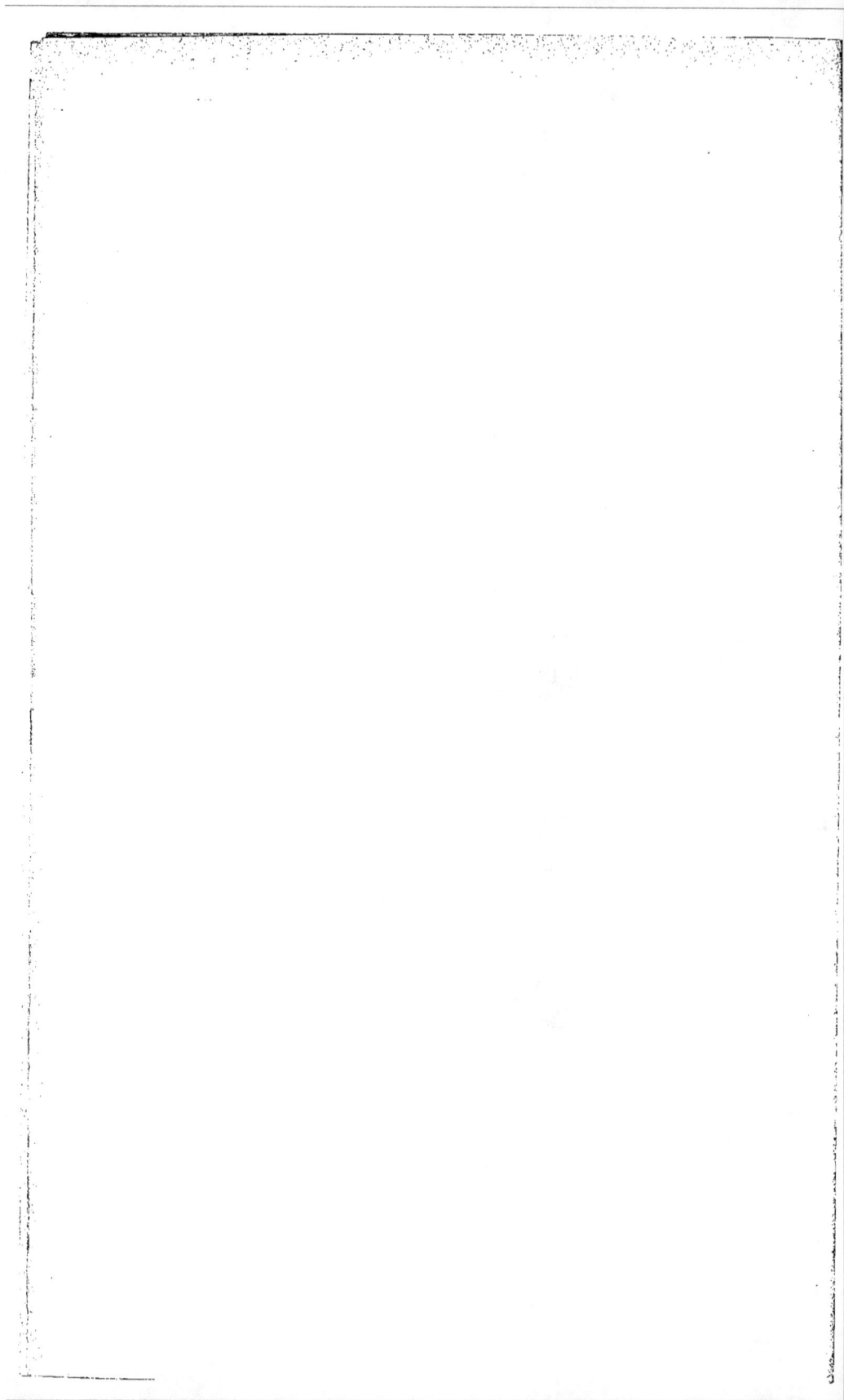

SÉNAT

Paris, le 4 Juin 1898.

—

A Monsieur NOUVION-JACQUET,
Président du Conseil de Prud'hommes de la ville
de Reims.

Cher Monsieur,

J'ai lu avec un réel intérêt votre excellent ouvrage,
il est vraiment fait pour assurer en France une bonne
marche des idées généreuses dont vous vous occupez
avec tant de compétence.

Je lui souhaite de tout cœur le succès qu'il mérite
et je vous prie d'agréer l'assurance de ma considération
très distinguée.

JULES SIEGFRIED.

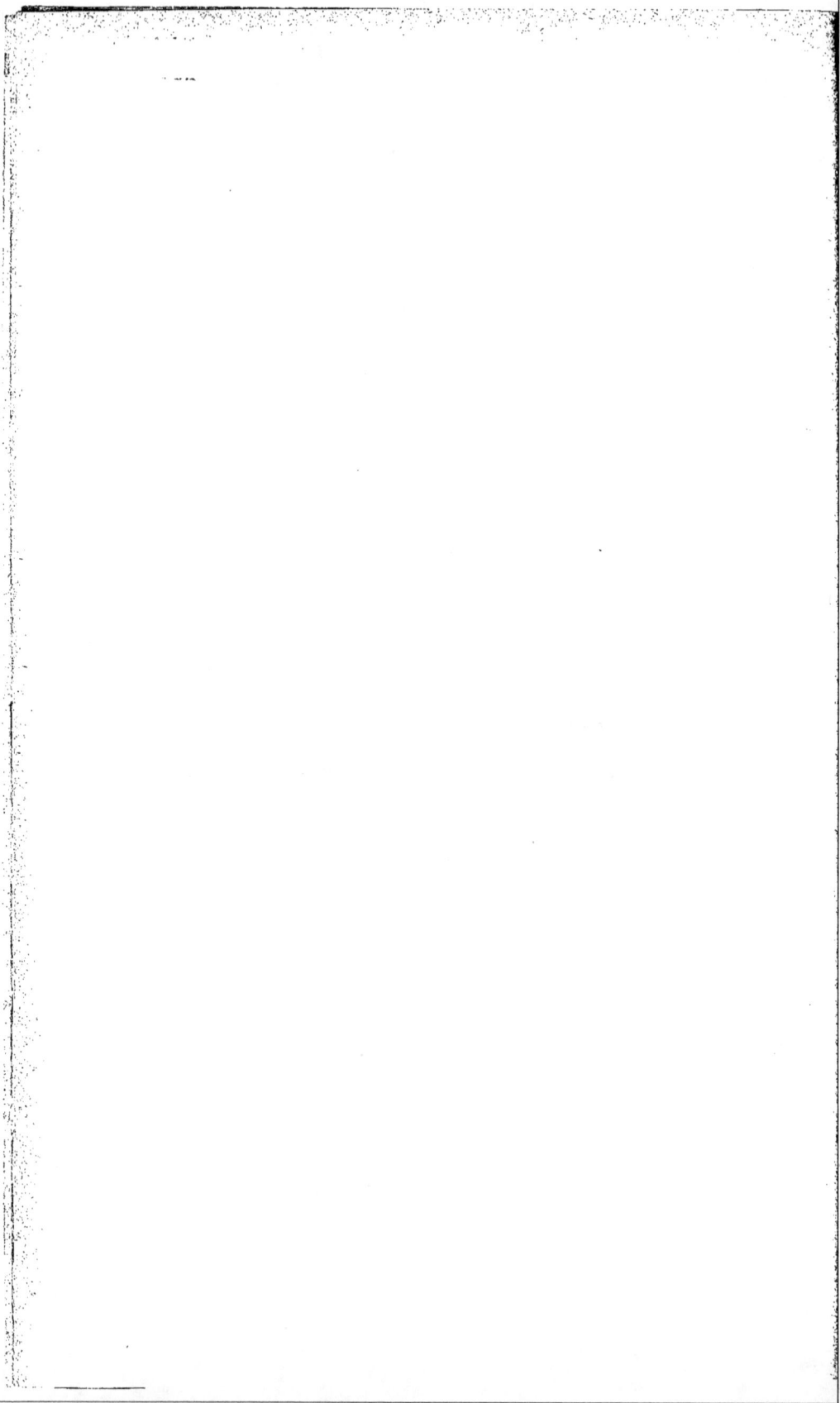

Cet ouvrage est dédié aux Ouvriers laborieux, parce que les Elus des Corporations d'une grande ville Industrielle, Ouvriers et Patrons, en ont édifié les règles théoriquement et pratiquement.

Ecrit dans un esprit de *conciliation et de paix sociale,* ce livre s'adresse à tous ceux qui veulent *l'amélioration du sort de l'Ouvrier par la Justice.*

La majorité des Conseils de Prud'hommes de France et d'Algérie partagent ces vues. Beaucoup se sont associés à nos vœux ; et leur espoir, comme le nôtre, est tout entier dans un Parlement où tous les partis se donneront la main pour défendre une juste cause.

NOUVION - JACQUET.

PRÉFACE

—

On dit volontiers des Prud'hommes qu'ils sont les Juges de paix de l'atelier. Ce rapprochement est justifié en tant que l'on envisage le rôle si large de conciliateurs que la loi leur confie. Il ne l'est plus, au contraire, lorsque les parties, repoussant la conciliation et voulant épuiser leur droit, les Prud'hommes se constituent en tribunal et deviennent des juges. Ce n'est plus alors aux Juges de paix qu'il convient de comparer les Conseils de Prud'hommes, mais bien aux Tribunaux de commerce. Les uns et les autres, en effet, ont été créés dans un même but : confier à des hommes d'une compétence spéciale la connaissance de certaines affaires qui, par leur nature, paraissent devoir échapper à la juridiction de droit commun. S'il est vrai que les mille conflits engendrés par la vie commerciale doivent trouver leurs meilleurs juges parmi les commerçants eux-mêmes, ne doit-on pas, en bonne logique, reconnaître que les patrons et les ouvriers seront, plus que tous autres, aptes à trancher les différends qui s'élèvent entre l'entreprise et le travail, au cours de la vie industrielle ?

Mais si, par leur but comme par leur rôle, les Conseils de Prud'hommes ont d'intéressantes parentés dans notre organisation judiciaire actuelle, ils offrent en même temps un caractère essentiel qui, leur étant propre, constitue leur originalité. Le législateur, en effet, a voulu que les deux catégories d'intéressés, les patrons et les ouvriers, entre lesquels peuvent s'élever des difficultés pour le règlement desquelles les Conseils de Prud'hommes sont institués, fussent représentés dans ces Conseils. Cette idée profonde, qui cherche l'apaisement des conflits dans les garanties d'impartialité données à tous, on la trouve dès l'origine moderne de notre institution. Déjà le décret du 18 mars 1806, qui créa le Conseil de

Prud'hommes de Lyon, appelait à en faire partie des négociants-fabricants et des chefs d'atelier. Dès 1809, un nouveau pas fut franchi : aux chefs d'atelier vinrent se joindre les contremaîtres, les teinturiers et les ouvriers patentés. Pourtant, si dès cette époque, les deux éléments étaient représentés, ils ne l'étaient pas d'une façon égale. Le décret de 1806 appelait au Conseil cinq négociants-fabricants et seulement quatre chefs d'atelier ; quant au décret de 1809, il posait en règle que « en aucun cas les chefs d'atelier, les contremaîtres, les teinturiers ou les ouvriers ne seraient égaux en nombre aux marchands-fabricants : ceux-ci, disait-il, auront toujours dans le Conseil un membre de plus que les chefs d'atelier, les contremaîtres, les teinturiers ou les ouvriers ». C'était assurer à l'un des éléments représentés une prédominance à peu près absolue sur l'autre, car non seulement les patrons étaient certains de l'emporter dans les votes relatifs aux procès pendants, mais encore ils étaient maîtres de la présidence et de la vice-présidence du Conseil, ces deux fonctions étant déférées, au scrutin, par le Conseil lui-même dans lequel la majorité leur était acquise.

Mais toute idée juste tend inévitablement à sa complète réalisation. Dès que l'on avait reconnu la nécessité de faire, dans les Conseils de Prud'hommes, une place aux représentants du travail, il n'y avait aucune bonne raison pour les réduire à un état d'infériorité. La logique, comme le sentiment, exigeaient une entière égalité : ils devaient être obéis.

Le Gouvernement de 1848 le comprit. Un décret du 27 mai donna pleine satisfaction aux revendications des Prud'hommes ouvriers. L'égalité la plus complète fut établie. Le zèle entraîna même trop loin les réformateurs de cette époque, car, redoutant la prépondérance de l'un des éléments sur l'autre, ils ne se bornèrent pas à ordonner que les fonctions de président et de vice-président fussent toujours partagées entre les deux fractions du Conseil, ils décidèrent aussi que chaque président ne resterait en fonction que pendant trois mois et serait non rééligible, tout président, appartenant à l'un des éléments représentés au Conseil, devant être remplacé par un président appartenant à l'autre élément. C'était rendre impossible toute direction sérieuse et tout esprit de suite ; c'était vouer les Conseils de Prud'hommes à l'impuissance.

L'Empire ne dépassa pas moins la mesure, bien qu'en sens contraire. S'il respecta le principe d'égalité introduit en 1848, quant au recrutement des Conseils, il mit purement et simplement la main sur les fonctions directrices. En vertu de la loi du 1er juin 1854, président et vice-président durent être désignés par le Chef de l'Etat, qui se réserva même le droit de les choisir en dehors du Conseil.

Nous sommes enfin revenus de ces erreurs. Les lois de la République ont achevé d'établir, entre les deux éléments des Conseils de Prud'hommes, la parfaite égalité à laquelle ils ont droit ; mais elles n'ont mis aucun obstacle à la bonne administration de ces corps. Nommant eux-mêmes leur président et leur vice-président, les Conseils doivent choisir, pour l'une de ces fonctions, un membre patron et pour l'autre un membre ouvrier. Voilà pour l'égalité. Mais ils sont libres de les réélire à leur gré. Voilà pour la stabilité. Les hommes dévoués qui acceptent la délicate mission de diriger les Conseils ont donc, aujourd'hui, le temps d'acquérir et l'expérience et l'autorité indispensables pour agir utilement. Sous leur égide, peuvent s'établir ces bons rapports et ces traditions dont aucune institution ne saurait se passer. Désormais, on peut le dire, les Conseils de Prud'hommes présentent, sans réserve, le caractère franchement démocratique qu'ils devaient logiquement revêtir.

Ce développement normal des Conseils de Prud'hommes, cette conquête par la classe ouvrière d'une parfaite égalité se sont-ils accomplis sans entraîner aucun inconvénient ? Nul n'oserait le dire. Depuis 1848, les conciliations sont devenues relativement plus rares, en même temps que les jugements des Prud'hommes étaient plus souvent frappés d'appel. Mais qui s'en étonnera ? Nul, à coup sûr, parmi ceux qui ont réfléchi sur les difficultés inhérentes aux questions sociales.

La loi n'a pu que créer l'instrument, puis le perfectionner : c'est aux Prud'hommes à s'en servir. Or, il serait profondément injuste de méconnaître l'extrême délicatesse de la tâche qui leur est ici confiée. Il n'est pas aisé de calmer des esprits surexcités, de rapprocher deux classes plus portées à voir ce qui les divise qu'à envisager l'harmonie finale de leurs intérêts ; d'amener la plus heureuse d'entre elles à des concessions que souvent, à défaut du droit, la morale impose ; de faire comprendre à la seconde l'équité d'arrangements sociaux dont elle se croit victime ; de lui faire prendre patience, au nom de son propre intérêt, alors que l'amélioration de son sort, sensible quand on compare des époques éloignées, échappe presque toujours à l'observation quotidienne. Non, tout cela n'est pas aisé ! Et telle est bien cependant, dans l'ordre des idées générales, la mission hautement civilisatrice dévolue aux Conseils de Prud'hommes. Ouvriers ou patrons, ils ne la peuvent remplir qu'en s'inspirant des idées les plus élevées et les plus généreuses. Conciliateurs, il leur faut cette haute raison et cette bonté de cœur qui calment les passions ; juges, ils doivent donner l'exemple de la plus stricte impartialité.

Mais, je n'hésite pas à le dire, si la tâche est difficile pour tous, elle l'est plus particulièrement pour les Prud'hommes ouvriers.

On leur a souvent reproché de s'attacher avec trop d'énergie aux intérêts des plaideurs ouvriers, de conseiller ceux-ci, puis de les défendre, de se faire, en un mot, leurs avocats. Mais, je le déclare, tant qu'ils ne vont pas plus loin, on a tort de les accuser d'abuser de leurs droits ; ils ne font qu'obéir au vœu de la loi. Sans doute, on m'objectera les devoirs du juge et la nécessité d'une balance inflexible. Rien de plus juste : ne parlais-je pas moi-même, il y a un instant, de cette impartialité stricte dont les Prud'hommes doivent donner l'exemple. Mais on voudra bien remarquer que, pour chacune des causes dont l'examen leur est confié, il se passe, avant qu'un jugement n'intervienne, une série de faits, au cours desquels leur action bienveillante peut s'exercer légitimement en faveur du plaideur ouvrier.

L'affaire est d'abord portée devant le Bureau de conciliation, composé d'un Prud'homme patron et d'un Prud'homme ouvrier. Les parties comparaissent en personne, sans le secours d'aucun conseil. Est-il exagéré de dire que, trop souvent, s'il n'est soutenu par la bienveillance des juges conciliateurs, le plaideur ouvrier risquera de se trouver en état d'infériorité ? Il n'y aurait rien de surprenant à ce qu'il se voie embarrassé pour exposer ses griefs ; il sentira vraisemblablement mieux qu'il ne s'exprimera, il se perdra dans des digressions peu faites pour éclairer le débat, ou même, dans une recherche pénible des mots, il en pourra prononcer de regrettables. Pour peu qu'il ait devant lui un adversaire instruit et habile, le voilà dans un bien mauvais cas. Qu'y a-t-il d'excessif à ce que le juge conciliateur, l'écoutant avec bienveillance, tenant compte de son embarras et le faisant profiter de sa propre expérience, débrouille le chaos de ses explications et en dégage les vrais motifs qu'il n'avait pas su mettre en lumière. Cela est si peu excessif que c'est le devoir même des deux Prud'hommes conciliateurs, du patron aussi bien que de l'ouvrier ; il est toutefois évident que l'initiative en revient plutôt au Prud'homme ouvrier, car il est mieux à même de comprendre cet autre ouvrier qui parle devant lui et c'est plutôt à lui que ce dernier s'adressera. Sa seule présence donne à celui-ci l'assurance d'être écouté avec bienveillance, d'être compris, puis, selon le cas, d'être défendu ou conseillé avec dévouement. C'est précisément dans ce but que les représentants des ouvriers sont appelés dans les Conseils de Prud'hommes.

Ce qui est vrai en conciliation ne l'est pas moins lorsque l'affaire est renvoyée devant le Bureau général pour être jugée. Là encore, les parties se présentent seules, exposant elles-mêmes, sans le secours d'aucun conseil, leurs griefs et leurs motifs. Les mêmes raisons légitiment, rendent même souvent nécessaire l'intervention des Prud'hommes ouvriers en vue de seconder l'ouvrier dans sa défense ou dans sa prétention. Qu'y a-t-il là, d'ailleurs, d'exceptionnel ? Dans tout tribunal, au moment de la délibération, chaque juge n'a-t-il pas le droit d'exposer à ses collègues son avis sur l'affaire, et de le motiver. Les Prud'hommes ouvriers le feront plus souvent que d'autres parce que la nécessité s'en fera plus souvent sentir. Rien de plus naturel. Si l'on ne voulait pas qu'il en fût ainsi, il ne fallait pas les appeler aux Conseils.

Mais ce rapide examen des droits et des devoirs des Prud'hommes ouvriers ne suffit-il pas à démontrer combien j'avais raison de dire que leur rôle était particulièrement délicat ?

Oh ! la difficulté n'est pas, pour eux, de remplir ce rôle : ils s'en acquittent partout, avec dévouement et même avec entrain. Elle consiste à ne pas le dépasser, à s'arrêter aux bornes qu'impose l'équité.

Si, en effet, le Prud'homme ouvrier a le droit et le devoir de seconder et de conseiller le plaideur ouvrier, ai-je besoin de dire qu'il n'a ce droit et ce devoir que dans la limite du juste ? Qu'il aide le plaideur ouvrier à obtenir justice, rien de mieux ; il ne doit, à aucun prix, faire triompher sa prétention si elle est mal fondée. La loi lui a confié un beau et grand rôle, plus beau et plus grand, par la force des choses, que celui qui revient, en fait, aux Prud'hommes patrons ; mais elle le lui a confié uniquement pour que la justice soit mieux rendue. Il lui faut donc contenir dans une exacte mesure ses sentiments de bienveillance. Défenseur naturel du plaideur ouvrier, tant que celui-ci expose sa prétention, fait valoir ses motifs, il ne doit plus, soit quand il le conseille, soit quand il vote pour le jugement, s'inspirer que des sentiments d'un homme équitable ou d'un juge impartial.

C'est beaucoup demander à la faible nature humaine. Il est évidemment à craindre que le Prud'homme ouvrier n'ait peine à se ressaisir, qu'il n'incline sa raison en faveur de celui auquel il est si porté à s'intéresser, et le danger s'aggrave encore du fait qu'il est l'élu des ouvriers et, qu'en le choisissant, ils ont compté sur lui.

Il faut malheureusement reconnaître que ce danger n'a pas été évité. Je ne fais ici le procès de personne, je ne chercherai donc pas si les Prud'hommes patrons ont ou n'ont pas fait ce qu'il eût fallu faire pour conjurer le péril. Je me borne à constater un fait indéniable. Les deux éléments composant les Conseils de Prud'hommes sont entrés, trop souvent, en lutte ouverte et la passion l'a emporté sur l'esprit de justice. On en est arrivé au mandat impératif, presque toujours imposé au candidat ouvrier et lui ordonnant de voter, toujours et quand même, en faveur du plaideur ouvrier ; et de leur côté, sans le dire ouvertement, les Prud'hommes patrons n'ont pas manqué de soutenir le plaideur patron. La lutte des classes a pénétré dans les Conseils, et la justice a cessé d'y être bien rendue. Les conciliations sont devenues plus rares, les décisions importantes ont été presque régulièrement déférées, en appel, aux Tribunaux de commerce et souvent réformées par eux. Peu à peu les Conseils de Prud'hommes ont perdu la considération qui les avait d'abord entourés ; le triste mot de « gâchis » a pu être prononcé, et l'on a été jusqu'à demander leur remplacement par le Juge de paix, assisté d'un patron et d'un ouvrier.

Les Conseils de Prud'hommes sont-ils donc condamnés sans retour ? Faudra-t-il en venir à remplacer, par quelque combinaison hybride et sans valeur sociale, une institution excellente en elle-même et dont on avait attendu tant de bons résultats ? Il n'en est heureusement pas ainsi. Rien n'est perdu et, pourvu que l'on veuille bien se rendre compte du mal et de ses causes, il est aisé d'y porter remède. Les mœurs qui se sont introduites dans les Conseils de Prud'hommes les ont fait dévier de la vraie route, ce sont ces mœurs qu'il faut changer.

Or, d'où proviennent les tendances regrettables que j'ai signalées ? Uniquement de ce que chaque affaire est examinée de façon concrète, sans qu'aucun principe directeur serve de guide. On me dira, sans doute, qu'il existe des lois, et par conséquent des principes arrêtés. Mais, outre qu'il faut étudier la loi avant de l'appliquer, et qu'en fait, trop souvent mal comprise, elle est trop souvent mal appliquée, tout jurisconsulte reconnaîtra que la loi ne peut suffire. *Elle se borne, elle doit se borner* à poser des règles générales, sur lesquelles les tribunaux doivent ensuite s'appuyer pour trancher les innombrables différends, dont pas un, peut-être, ne réalise exactement l'hypothèse prévue dans le texte. Je ne prendrai pas pour exemple la loi du 27 décembre 1890, modificative de l'article 1780 du Code civil. J'aurais trop facilement raison, car il est évident que ce texte obscur a grand besoin d'une interprétation attentive. Mais que l'on choisisse une loi quelconque, il en sera de même. La loi du 22 février 1851, sur le contrat d'apprentissage, contient nombre de formules très générales : l'une d'elles, par exemple, impose au patron l'obligation d'agir, vis-à-vis de l'apprenti, « en bon père de famille » ; une autre déclare qu'il doit « enseigner à l'apprenti progressivement et complètement l'art, le métier ou la profession qui fait l'objet du contrat », etc. — Que comprend exactement l'obligation d'agir en bon père de famille ? Selon quelle méthode, et dans quelle mesure, l'art ou le métier devra-t-il être enseigné ? La loi n'en dit rien, s'en remettant à la sagesse des tribunaux du soin de poursuivre dans le détail l'application des règles générales qu'elle a posées. Certaines questions, même comptant parmi celles qui, sous des aspects variés, se présentent le plus fréquemment à l'examen des Conseils de Prud'hommes, ne sont prévues par aucun texte spécial. Quelle est, par exemple, dans les divers cas, la force obligatoire des règlements d'atelier ? Quelles seront, pour l'ouvrier, les conséquences des malfaçons ? Se contentera-t-on de répondre, pour le premier cas, que la convention fait la loi des parties (art. 1134 du Code civil), et pour le second, que celui qui cause un dommage est tenu de le réparer (art. 1382 du Code civil)? On sent, immédiatement, que l'application de règles aussi générales exige, dans la pratique, des nuances sur lesquelles il serait bon de s'entendre. — Si enfin je parle des usages, variables selon les industries et les régions, chacun conviendra qu'il serait bien désirable de voir les Conseils de Prud'hommes se donner la tâche de les recueillir et de les fixer. Ils peuvent même faire davantage, et supprimer certaines pratiques vicieuses dont l'ouvrier risque d'être injustement victime.

J'aurai bientôt l'occasion de le montrer par un exemple.

Il est donc nécessaire que les Conseils de Prud'hommes fixent leur jurisprudence, c'est-à-dire déterminent avec précision (dans la mesure du possible) les principes d'après lesquels leurs décisions seront rendues à l'avenir. En agissant ainsi, d'ailleurs, ils ne feront que suivre l'exemple de leurs aînés, les Tribunaux civils et les Tribunaux de Commerce. En matière civile surtout, le droit est l'œuvre de la jurisprudence autant, sinon plus, que de la loi elle-même.

Mais il serait illusoire d'attendre la création d'une pareille jurisprudence de la succession des décisions rendues par les Prud'hommes dans les conditions actuelles. Inspirées trop souvent par l'esprit de parti, et contradictoires entre elles, ces décisions ne conduiraient qu'au chaos. Engagés dans une voie fausse, les Conseils de Prud'hommes n'en peuvent sortir que par une décision énergique. Qu'ils créent donc, de toutes pièces, cette jurisprudence indispensable, qu'ils arrêtent une fois pour toutes les principes qui leur serviront de guides, qu'ils *disent* le droit, avant de l'appliquer. Il suffirait pour cela que chaque Conseil mette à l'étude, en Assemblée générale, les points principaux de la législation ouvrière. Des discussions s'engageraient, auxquelles chacun aurait pu se préparer, et l'on serait tout surpris de se trouver bientôt d'accord. Désormais, chaque Conseil, au lieu de marcher à l'aveugle, aurait, pour se guider, les règles qu'il aurait lui-même fixées, juste récompense du travail auquel il aurait consacré tout son temps et ses efforts.

Ce travail, d'ailleurs, j'ose affirmer qu'il serait bien fait.

En examinant les questions en abstraction, ou, si l'on veut, en hypothèse, les Prud'hommes seraient, par là même, dégagés de toute préoccupation touchant la qualité des plaideurs : l'esprit de parti ferait aussitôt place au besoin de justice. Mieux que tous autres, d'autre part, ils sont à même de déterminer les points sur lesquels il est nécessaire de s'entendre, comme aussi de tenir un compte exact des considérations spéciales qui doivent, en certains cas, tempérer la rigueur du droit. Et quant au droit lui-même, si son étude approfondie demande beaucoup de réflexion, il exige, avant tout, de la justesse d'esprit, qualité qui ne manque guère en France. Le droit de la législation ouvrière est d'ailleurs un droit relativement simple.

Quant aux résultats à attendre d'une pareille méthode, on les aperçoit sans peine.

Les jugements deviennent uniformes. Ils le sont d'abord pour les causes semblables soumises à un même Conseil, ils le sont bientôt pour les mêmes causes, quel que soit le Conseil qui s'en trouve saisi. Les Conseils, en effet, influent les uns sur les autres ; cherchant avant tout la justice, ils se communiquent leurs décisions, et si l'un s'est trompé, il n'hésite pas à s'incliner devant l'opinion des autres. Seuls, les usages propres à certaines contrées motivent des décisions spéciales ; mais le Conseil, en appliquant l'usage, a soin de le mentionner expressément, le fixant ainsi, en même temps qu'il évite que son jugement ne soit mal compris.

Si les jugements deviennent uniformes, ils deviennent aussi équitables. Puisque l'on a, d'avance, fixé les règles d'après lesquelles on jugera, la personnalité des plaideurs disparaît dans le débat. Il ne reste plus à dégager que les éléments de fait. Or, les éléments de fait sont peu contestés lorsque le président sait diriger les débats avec autorité et tenir les parties en respect par une attitude franche et loyale, sévère en même temps que bienveillante ; c'est aussi dans l'examen de ces éléments de fait que la bienveillance du Prud'homme ouvrier peut, sans inconvénient, seconder l'embarras du plaideur ouvrier.

Prononçant des jugements inspirés par l'esprit de justice, les Conseils de Prud'hommes recouvrent immédiatement la considération qui s'est trop éloignée d'eux. Ils prennent enfin, hautement, la grande place qui leur est réservée par la loi dans notre organisation sociale ; leur mission devient toute d'équité et d'apaisement.

Dans l'accomplissement de cette mission, ils sont aidés par la confiance des justiciables. Ceux-ci, sachant que la qualité des personnes n'aura rien à voir dans les décisions qui seront rendues, mis à même d'ailleurs de connaître à l'avance le droit qui leur sera appliqué, acceptent avec respect un jugement même défavorable qui ne peut les surprendre. Beaucoup même ne vont pas jusque là. Avertis paternellement par les Prud'hommes conciliateurs, ils ne courent pas au devant d'un jugement dont ils savent la sentence établie déjà dans l'esprit des juges ; ils se laissent concilier pour éviter des frais, pour éviter surtout une décision dont les termes, peut-être peu agréables, peuvent être rendus publics.

Et comment, enfin, tous ne sauraient-ils pas gré aux Prud'hommes d'avoir fixé de façon claire et précise cette législation qu'ils sont censés connaître et qui leur paraît inextricable, aujourd'hui.

Il n'est pas jusqu'au fonctionnement intérieur des Conseils qui ne se trouve amélioré. Il importe peu, désormais, au justiciable, que la Présidence du Conseil appartienne à l'un ou à l'autre groupe, car le vote prépondérant du Président ne favorisera désormais que le triomphe de l'équité. Les Conseils pourront donc choisir librement, sans préoccupation de parti, pour lui confier ces délicates fonctions, celui que son intelligence, sa bienveillance d'esprit, son tact, son énergie, en rendront le plus digne.

Tel est, en traits rapides, le tableau que l'on peut dresser des bienfaits à attendre de l'effort que nous demandons aux Conseils de Prud'hommes. Cet effort paraîtra-t-il excessif, en présence de tels avantages?

L'idée que je viens de développer ne m'est pas personnelle. Je ne fais que la présenter au public, en y applaudissant de grand cœur. Elle appartient en propre au Président du Conseil de Prud'hommes de Reims, M. Nouvion-Jacquet, et, grâce à ses efforts, sortant du domaine de la théorie pure, elle a déjà subi victorieusement l'épreuve de l'expérience.

Le Conseil de Prud'hommes de Reims ne valait, autrefois, ni plus ni moins que les autres. Chacun y était bien intentionné sans doute, mais comme ailleurs, chacun confondait volontiers ses devoirs et ses penchants, et les jugements se succédaient, souvent contradictoires, au hasard des majorités, ou bien le Président, en présence de votes toujours inspirés par l'intérêt des classes, en était réduit à jouer le rôle d'arbitre en usant de la prépondérance que la loi accorde à son vote.

Aujourd'hui tout est changé.

Le 8 mars 1897, le Conseil de Prud'hommes de Reims, sur l'initiative de son Président, se réunissait en assemblée générale et, au cours d'une discussion courtoise, s'entendait sur un certain nombre de règles (nous les ferons connaître succinctement dans un instant) à appliquer aux conflits dont il est le plus fréquemment saisi.

Depuis cette époque l'apaisement est complet. En cas de difficulté, lorsqu'un jugement doit être rendu, on se reporte au « Petit Livre », contenant le compte-rendu de la séance du 8 mars, et l'on suit ses indications avec la plus grande fidélité.

Est-ce à dire que, de ce fait, l'intérêt des ouvriers se soit trouvé sacrifié? Bien au contraire. Un jugement rendu, à l'aveugle, en faveur d'un ouvrier qui devrait perdre son procès, ne fait aucun bien à la classe ouvrière; une jurisprudence ferme, qui fixe les droits de chacun et les soustrait aux hasards de la composition du Tribunal, rend, au contraire, service à tout le monde.

Le Conseil de Prud'hommes de Reims s'est d'ailleurs inspiré d'idées larges, en même temps qu'exactes. Sur plusieurs points importants, il a su, sans s'éloigner de la vérité juridique, prendre des décisions dont les ouvriers profiteront et qu'on ne saurait qu'approuver.

Voici du reste, en raccourci, un aperçu de cette séance si intéressante. Les brefs extraits que je vais citer donneront, j'en suis sûr, à beaucoup, le désir de lire dans son entier le compte rendu auquel je les emprunte.

La séance fut ouverte par un discours du Président que je reproduis, parce qu'il indique, avec fermeté et précision, le rôle des Conseils de Prud'hommes.

MESSIEURS,

La composition légale du Conseil met en présence deux éléments, dont les intérêts ne sont pas, mais paraissent être diamétralement opposés.

Le rôle du Président, si les juges ne voient, avec la meilleure foi du monde, que l'intérêt de classes, devient celui d'un arbitre qui tranche les différends par la voix prépondérante que lui accorde la loi.

Ce système, certainement préjudiciable aux intérêts des patrons et des ouvriers, ne peut être la règle de notre Compagnie ; vous ne voudrez pas le laisser pénétrer dans notre Conseil qui ne doit être au service de personne ; vous êtes et vous resterez les serviteurs de votre conscience et les fidèles gardiens de la loi.

Il est évident qu'en présence de celui qui paraît posséder le capital et de celui qui produit, on se sent, malgré soi, attiré vers celui qui peine et souffre.

On n'envisage jamais que le plus atteint n'est pas toujours ce dernier.

Ce sentiment très humain est très honorable ; mais il n'est permis que quand il ne dépasse pas les limites du respect qu'on doit à la justice.

Rappelez-vous que dans cette enceinte, il ne doit y avoir ni patrons ni ouvriers, mais seulement des juges et des justiciables.

Vous ne voudrez pas que le Conseil de Prud'hommes, ce tribunal des humbles, ne conserve pas la considération à laquelle il a droit.

Vous ne voudrez pas que des dissentiments intérieurs servent à forger une arme contre une Compagnie dont la mission est des plus belles.

Juges intègres, véritablement dignes de remplir le rôle que la Société vous a confié, vous respecterez le serment que vous avez fait de ne jamais prendre d'autres décisions que celles qui vous seront dictées par le sentiment de la justice et de l'équité.

Dans ces conditions, vous trouverez dans votre Président un dévoué directeur de vos travaux, et je puis vous affirmer que je mettrai tout ce que j'ai de meilleur en moi au service de la cause que nous sommes chargés de défendre.

C'est donc d'abord pour répondre à la demande de réunion générale qui m'a été adressée par plusieurs d'entre vous, conformément à l'article 26 du règlement de notre Compagnie, et aussi pour vous entretenir de différentes questions qui vous intéressent que je vous ai convoqués aujourd'hui. Je vous propose donc d'examiner les points suivants, qui forment l'ordre du jour de la réunion.

A la suite de ce discours, une discussion courtoise s'engagea, puis des décisions furent prises. Deux jugements, récemment rendus par le Bureau général du Conseil, furent approuvés par l'Assemblée; un certain nombre de difficultés susceptibles de se présenter fréquemment furent tranchées. Je reproduis la plupart de ces décisions en changeant seulement leur ordre pour en rapprocher deux qui se complètent l'une l'autre.

1° DÉLAIS DE PRÉVENANCE

Les patrons, d'accord avec leurs ouvriers, peuvent adopter tels délais de prévenance qui leur conviennent.

Dans le cas de brusque renvoi, alors que le préavis est prévu, la somme versée par celle des parties qui a rompu le contrat n'est pas à proprement parler une indemnité; c'est la sanction d'un contrat légalement passé et l'exécution d'une clause par celui qui prétend tirer profit en s'y dérobant.

En cas de différend, la partie lésée qui en donne la preuve, peut toujours demander une indemnité. Le Conseil la fixera conformément aux principes posés par la loi du 27 Décembre 1890. A défaut de délais fixés à l'avance on appliquera la huitaine, la quinzaine ou le mois, suivant les circonstances.

2° RUPTURE DU CONTRAT DE LOUAGE DE TRAVAIL

Les manquements aux engagements pris, les violences, les injures, les menaces autorisent la rupture immédiate du contrat sans indemnité. Cependant, l'appréciation de ces faits appartient au Conseil. Celle des parties qui a ainsi provoqué cette rupture peut être l'objet d'une action civile en dommages-intérêts, et, en outre, selon le cas, d'une action pénale.

3° RÈGLEMENTS D'ATELIERS ET DE CHANTIERS

Il ne suffit pas qu'un règlement soit affiché dans les ateliers et chantiers, ni déposé au Conseil de Prud'hommes, pour qu'il fasse la loi des parties; il faut qu'il soit parfaitement établi qu'il a été connu et accepté des parties contractantes, et qu'il ne contienne aucune clause contraire à la loi ou présentant un caractère abusif ou dolosif.

4° DOMMAGES-INTÉRÊTS

Les dommages-intérêts, s'il en est dû, pour brusque rupture du contrat, sont déterminés par le Conseil qui prend en considération les différentes circonstances de la cause, ainsi que l'édicte le nouvel article 1780.

L'ouvrier dont le travail défectueux est de nature à causer préjudice à son patron doit à celui-ci, qu'il soit ou non immédiatement congédié, une indemnité en raison de ce préjudice.

C'est au Conseil qu'il appartient de déterminer le montant de l'indemnité, en tenant compte des circonstances particulières de la cause, si les parties ne peuvent tomber d'accord sur ce point.

HUITAINE D'ESSAI
EN USAGE DANS L'INDUSTRIE DU BATIMENT ET APPLIQUÉE GÉNÉRALEMENT PAR LE CONSEIL DE PRUD'HOMMES A TOUTES LES AUTRES INDUSTRIES.

Le patron et l'ouvrier qui se trouvent sous le régime de la huitaine, peuvent réciproquement se quitter pendant les huit premiers jours qui suivent l'embauchage et qui sont considérés comme huitaine d'essai, sans avertissement préalable, à moins de conventions contraires dûment établies, avec preuve matérielle à l'appui.

Pendant cette première huitaine, les parties contractantes sont néanmoins soumises à toutes les autres obligations résultant du droit, des usages ou des conventions particulières arrêtées au moment de l'embauchage.

Le délai expiré, le patron ne pourra plus arguer de l'incapacité de son ouvrier, ni celui-ci des difficultés que peut présenter l'exécution du travail.

Le Conseil, néanmoins, pourra toujours tenir compte des circonstances particulières de fait invoquées par les parties en faveur de leurs prétentions.

APPROBATION DU JUGEMENT DU 10 FÉVRIER 1897

Dans l'industrie du bâtiment, si, au moment de l'embauchage, le patron et l'ouvrier n'ont pas déterminé le salaire de ce dernier, ils doivent le faire lors de la première paie qui suivra, et, au plus tard, dans la quinzaine. Le patron qui ne provoquera pas une entente à cet effet s'exposera à se voir condamner au maximum du prix payé dans le chantier où l'ouvrier travaille.

Il eût été difficile, on en conviendra, d'adopter des résolutions plus libérales. Or, au point de vue juridique, sauf une réserve à faire en ce qui concerne la troisième (Règlements d'ateliers et de chantiers), rédigée peut-être en termes un peu trop absolus (1), on ne peut que les approuver.

Il en est deux surtout qui me paraissent remarquables et sur lesquelles je demande au lecteur la permission d'insister.

La loi du 27 décembre 1890, modifiant et complétant l'article 1780 du Code civil, ne brille pas, on le sait, par la clarté. Deux dispositions essentielles la résument : d'une part, bien que le louage de services, lorsqu'il est fait sans détermination de durée, puisse toujours cesser par la volonté de l'une des parties contractantes, cependant « la résiliation, du fait d'un des contractants, peut donner lieu à des dommages-intérêts »; d'autre part, « les parties ne peuvent renoncer par avance au droit éventuel de demander des dommages-intérêts, en vertu des dispositions ci-dessus ». Que faut-il entendre par là ? Comment l'exercice d'un droit, reconnu par la loi, peut-il exposer à des dommages-intérêts ? Et, si l'on ne peut renoncer à l'avance au droit d'en obtenir, faut-il donc comprendre que toutes les clauses relatives aux délais de congé sont, de droit, illicites ? A ces questions, dont j'indique seulement les principales, mais qui devaient fatalement se poser, les prudents législateurs se sont bien gardés de répondre. Tous, d'un touchant accord, ont proclamé que, pour débrouiller ce chaos, ils s'en remettaient à la sagesse des tribunaux. Et, en effet, les tribunaux se

---

(1) Voir dans le présent ouvrage le jugement du Tribunal de Commerce de Reims et l'arrêt de la Cour de Cassation, l'un contraire, l'autre plutôt favorable à la décision prise par le Conseil de Prud'hommes de Reims.

sont mis à l'œuvre; cours de cassation en tête, ils ont fait sortir quelque chose d'à peu près clair de cette terrible bouteille à l'encre.

On a fini par admettre que, si la loi autorisait chacune des parties à résilier le contrat, c'était cependant sous cette condition : qu'aucune d'elles ne devait faire, de ce droit, un usage abusif et préjudiciable à l'autre. Chacun a le droit de dénoncer le contrat, mais encore faut-il, pour qu'il échappe à l'obligation de payer des dommages-intérêts, qu'il agisse en vertu d'un motif légitime, et non pour le plaisir de nuire, ou même par simple fantaisie. Quant aux clauses relatives aux délais de congé, il est admis qu'elles sont valables, le nouvel article 1780 interdisant seulement les renonciations générales au droit de demander des dommages-intérêts, et non pas les renonciations partielles, comme la suppression du délai de prévenance ou la fixation de l'indemnité par des clauses pénales, pourvu que celles-ci soient sérieuses et ne servent pas de moyens détournés pour éluder la loi.

Voilà évidemment des règles sur lesquelles il est très heureux qu'on ait pu se mettre d'accord; mais on devine aisément combien de questions de détail se présentent journellement, auxquelles elles ne sont pas directement applicables, ou plutôt, auxquelles elles ne peuvent être appliquées qu'après un examen très attentif. C'est ainsi que, dans nombre d'industries, l'usage ou les règlements d'atelier fixent un délai de prévenance de huit jours, en réalité une semaine, le plus souvent du lundi au samedi inclus. L'ouvrier congédié a donc, en pareil cas, toujours droit à son salaire de six jours (les dimanches ne comptant pas) vulgairement appelé huitaine. Mais est-ce là tout ? Ne peut-il pas, en outre, réclamer des dommages-intérêts s'il a été congédié sans motifs légitimes ?

Le Conseil de Prud'hommes de Reims a tranché la question dans le sens de l'affirmative, et il paraît que l'adoption de cette jurisprudence a fait beaucoup pour l'établissement d'un parfait accord entre ses membres. Or la solution est excellente au point de vue juridique. Un simple délai de prévenance ne saurait être assimilé à une clause pénale limitant le droit aux dommages-intérêts. L'article 1780 du Code civil conserve donc toute sa force, et l'action en dommages-intérêts subsiste, le cas échéant, au profit de l'ouvrier.

La seconde décision que je veux signaler est plus intéressante encore. C'est à elle que je songeais en disant que les Conseils de Prud'hommes pouvaient, par une action raisonnée, supprimer certaines pratiques vicieuses dont les ouvriers sont victimes.

C'est un usage assez répandu dans l'industrie du bâtiment, que l'ouvrier employé presque toujours à l'heure soit engagé par le patron sans que le prix de l'heure soit déterminé au moment de l'embauchage. Cet usage s'explique par ce fait qu'il n'y a pas de prix fixé pour telle ou telle catégorie d'ouvriers, que ceux-ci sont plus ou moins habiles dans l'exercice de leur profession et que le patron a besoin de connaître les aptitudes de son ouvrier pour déterminer son salaire. Mais il arrive parfois que, par suite d'une mutuelle négligence, le patron et l'ouvrier laissent passer le temps sans procéder à une entente, l'ouvrier recevant des acomptes et continuant à travailler sans que le prix de l'heure soit fixé. Lorsque vient enfin l'époque du règlement définitif, l'ouvrier demande le salaire le plus haut, le patron lui offre le plus bas ; un conflit s'élève qui peut, à première vue, embarrasser singulièrement les Prud'hommes. Ne peut-on pas dire, en effet, que les torts sont réciproques, que chacune des parties est coupable de négligence ? Et dès lors, comment régler le différend ? Il est à observer qu'une expertise, possible lorsqu'il s'agit de travaux à la tâche, ne l'est pas pour le travail à l'heure.

Le Conseil de Prud'hommes de Reims (1) a tranché dans le vif. « Dans » l'industrie du bâtiment, a-t-il déclaré, si, au moment de l'embauchage, » le patron et l'ouvrier n'ont pas déterminé le salaire de ce dernier, ils » doivent le faire lors de la première paie qui suivra, et, au plus tard, » dans la quinzaine. Le patron qui ne provoquera pas une entente à cet » effet s'exposera à se voir condamné au maximum du prix payé dans le » chantier où l'ouvrier travaille. »

C'est donc la prétention de l'ouvrier qui triomphe et le patron qui porte la peine de la négligence commune.

J'en demande pardon aux patrons qui pourraient contester cette décision, mais j'estime que le Conseil de Prud'hommes de Reims est absolument dans le vrai. Si, en effet, le patron et l'ouvrier sont l'un et l'autre en faute, la faute de l'ouvrier est excusable, tandis que celle du patron ne l'est pas. L'ouvrier n'a négligé que son propre intérêt, alors que le patron a méconnu son devoir. C'est à lui, en effet, que revient normalement l'initiative. Maître sur son chantier, il doit y faire régner l'ordre ; la situation irrégulière dont nous parlons lui est donc imputable, il doit en supporter les conséquences.

Est-il maintenant besoin d'insister pour montrer le but du présent ouvrage ?

Il s'agit de faire connaître aux autres ce que l'on a fait soi-même et les excellents résultats obtenus ; il s'agit de les engager à imiter une

(1) Comme on l'a vu plus haut, l'Assemblée générale du Conseil de Prud'hommes de Reims, en prenant la décision dont il est parlé au texte, ne fit qu'approuver un jugement qui avait été rendu antérieurement, par son Bureau général. Or, le jour où ce jugement fut rendu, le Bureau se trouvait, par le plus pur hasard, composé de deux juges ouvriers maçons et de deux juges patrons, entrepreneurs de bâtiments.

initiative heureuse, à l'étendre même, à faire mieux encore et de les y aider.

La séance du 8 mars 1897 est le point de départ; c'est, si l'on veut, le modèle à suivre, sauf les modifications que pourront exiger les conditions locales particulières.

Ce livre est fait pour seconder l'effort de ceux qui voudront entrer dans cette voie féconde. Il offre un ensemble de textes et de commentaires relatifs aux questions qui se présentent le plus souvent devant les Conseils de Prud'hommes. Avec beaucoup de sagesse, les auteurs n'ont pas prétendu élaborer un traité complet de législation ouvrière : ils sont allés au plus pressé, et leur grande expérience les a guidés sûrement dans le choix des sujets à traiter.

L'apprentissage, la rupture du contrat, dans les cas prévus par la loi du 27 Décembre 1890 et dans le cas de grèves; les règlements d'atelier; le marchandage..., voilà bien les sources trop abondantes à l'heure actuelle d'où sortent les principaux différends surgissant entre l'entreprise et le travail. Que les Conseils de Prud'hommes fixent leur jurisprudence sur ces difficultés multiples et un pas immense aura été fait. Le reste pourra venir plus tard.

C'est donc un moyen de travail que les auteurs de ce livre ont voulu offrir à leurs collègues des Conseils de Prud'hommes.

Ils s'attendent bien, sans doute, à ce que toutes les solutions qu'ils proposent ne soient pas unanimement adoptées. Qu'importe ! La diversité des opinions, pourvu que celles-ci ne s'appuient que sur un raisonnement impartial, ne peut qu'aider au progrès du droit. J'ose dire, d'ailleurs, que les divergences ne seront pas très nombreuses; les solutions proposées seront presque toujours adoptées, parce que, presque toujours, elles sont excellentes.

Tel est ce livre, tel est son but. Reprochera-t-on à ses auteurs d'avoir nourri un espoir excessif? Je ne veux pas le croire. Il ne doit pas être excessif d'espérer que des hommes bien intentionnés se feront un devoir, ayant été éclairés, de sacrifier leurs passions à l'intérêt public. Un grand bien peut sortir de ce volume aux proportions modestes. Aussi, ai-je tenu à grand honneur d'avoir été choisi par ses auteurs pour le présenter au public. Puisse-t-il, comme je le souhaite de grand cœur, rencontrer partout le bon accueil qu'il mérite.

Il porte en lui, peut-être, le redressement d'une institution, dont la décadence ou la disparition serait un réel malheur pour la classe ouvrière.

.*.

Voilà ce que j'écrivais, il y a six mois, pour servir de préface à la première édition de : « Le Patron et l'Ouvrier devant le Conseil de Prud'hommes ».

Le vœu que je formulais alors a été rempli. Partout, cet utile ouvrage a reçu le meilleur accueil. Au Ministère du Commerce et de l'Industrie, la portée de l'œuvre entreprise par le Conseil de Prud'hommes de Reims a été comprise, appréciée et des paroles autorisées ont fait entendre que l'on ne resterait pas indifférent à des efforts dirigés dans un but de conciliation sociale. Au Ministère de la Justice on s'est plu à reconnaître l'intérêt qu'offre le travail au point de vue du droit. La *Société Industrielle de Reims,* particulièrement bien placée pour apprécier tout le bien qui peut sortir de cet ouvrage, a décerné aux auteurs de la première édition une médaille de vermeil. Le Président de la Chambre de Commerce de Reims, de son côté, leur donnait son approbation. Enfin, et surtout, les Conseils de Prud'hommes de France et d'Algérie, avec une unanimité touchante, adressaient leurs félicitations aux auteurs et exprimaient leur vive satisfaction de trouver le guide sûr qui, jusque là, leur avait fait défaut. Ils s'associaient ainsi à l'initiative prise par le Conseil de Prud'hommes de Reims ; le concours moral des intéressés donnait à l'œuvre entreprise sa pleine consécration.

Que dirai-je de cette seconde édition ?

Plus complète que la première, elle distingue soigneusement la loi générale et les coutumes, qui, en l'absence d'un texte contraire, conservent leur valeur en tant que règles d'interprétation de contrats. Je suis heureux, d'autre part, d'appeler l'attention du lecteur sur les études spéciales consacrées au *mandat impératif,* aux *grèves,* à la *conciliation.* Elles ont cet intérêt de préciser les devoirs des Conseils de Prud'hommes, mais aussi de faire reporter l'étendue du rôle qui pourra leur être attribué lorsque, s'étant, en quelque sorte, réformés eux-mêmes, ils seront devenus l'instrument à la fois souple et sûr dont la société moderne sent confusément le besoin. *Les développements consacrés à la future loi prud'homale méritent aussi d'être lus avec soin.* Le législateur, quand il entreprendra cette réforme si attendue, trouvera là des réflexions inspirées par une grande expérience des hommes et des choses.

Et une fois encore, en remerciant les Présidents, Vice-Présidents et Conseillers Prud'hommes de France et d'Algérie, qui ont bien voulu faire rejaillir sur la Préface du livre un peu de la bienveillance que méritait le livre lui-même, je souhaite à cette nouvelle édition le même succès qu'à la première.

A elle d'achever ce qu'elle a si bien commencé.

PAUL BEAUREGARD.

AVANT-PROPOS

Dès le premier jour où nous avons eu à remplir notre mandat de Conseiller Prud'homme, nous avons été frappé de la façon dont les choses se passaient au sein de nos Conseils, et surpris de ce manque de règlementation que nous réclamons aujourd'hui. Chaque fois que nous avons siégé, soit comme président de Bureau particulier, soit comme assesseur de Bureau général, nous nous sommes demandé en vertu de quel droit ou de quelle règle nous donnions sur des faits complexes tel avis plutôt que tel autre, tandis que chacun d'eux pouvait paraître juste. Car enfin il ne suffit pas d'exiger d'un arbitre ou d'un juge, qu'il ait du bon sens, il faut qu'il puisse étayer ce bon sens sur des règles et sur des principes.

Nous comprenions alors tant de jugements contradictoires des Conseils de Prud'hommes, réalisant ce mot célèbre : que la même chose est erreur ou vérité suivant les frontières ; jugements rendus parfois au hasard des bonnes volontés, infirmés souvent par des Tribunaux d'appel *mauvais juges cette fois de la cause, parce qu'ils en sont trop éloignés.* Et nous comprenions en même temps quel apport aux revendications sociales actuelles étaient ces divergences de vues, ces façons de différencier la justice suivant les cas et suivant les lieux.

D'autre part, l'expérience nous a démontré que la plupart des malentendus naissent d'un sentiment d'amour-propre froissé, d'un orgueil souvent mal placé et surtout d'une incomplète compréhension des engagements réciproques. Assurer d'une façon précise et par des moyens à la portée de tous, les devoirs du patron et de l'ouvrier et les droits de chacun, c'est la manière la plus certaine de détruire dans leur germe les contestations et les différends; c'est donner au patron et à l'ouvrier la facilité de régler eux-mêmes une cause qu'ils portent trop souvent par parti-pris devant un Tribunal ; c'est enfin donner à ce Tribunal, le cas échéant, et s'il le faut, le moyen de bien juger.

C'est dans ce désir que nous publions ces notes qui ne sont que les éléments d'une jurisprudence ouvrière. Nous avons bien souvent appliqué les règles que nous formulons ici et qui sont le résultat de l'expérience et d'une pratique déjà longue des choses de l'Industrie. Nous n'avons envisagé que les intérêts généraux, nous gardant avant tout de défendre des intérêts de classe.

Mais cette œuvre personnelle serait peu de chose si les Pouvoirs Publics et le Parlement ne devaient pas la développer. Nous espérons que le Parlement se fera un devoir, dans un jour qui n'est pas éloigné, de réaliser enfin le désir de tous les Conseils de Prud'hommes, le vœu de tous les travailleurs ; c'est-à-dire d'établir une loi claire et précise sur les rapports qui unissent l'ouvrier et le patron, d'établir une organisation administrative plus large des Conseils de Prud'hommes; de réglementer enfin, sans toucher au principe sacré de la liberté, les grèves si nombreuses qui sont des facteurs de misère pour l'ouvrier et de ruine pour le patron.

Ce triple but réalisé peut faire faire un grand pas à notre pays dans la voie d'un progrès raisonné et pacifique.

NOUVION-JACQUET.

LA CONCILIATION

EN PRÉSENCE DE LA LOI

DE LA SUPÉRIORITÉ DE LA CONCILIATION EN AUDIENCE PRIVÉE. — APPLICA-
TION DE L'ARTICLE 7 DU CODE DE PROCÉDURE CIVILE.

L'institution des Prud'hommes est souvent attaquée de nos jours, et, pour en dénoncer les imperfections, on fait volontiers observer que le nombre des Conciliations qu'elle réalise est relativement moindre qu'autrefois. Par contre, si, devant un Conseil, la statistique d'une année fait ressortir un relèvement du chiffre des Conciliations, on est tout disposé à s'en féliciter, à entrevoir un meilleur avenir. Justiciables et Prud'hommes sont ainsi d'accord pour estimer que les services rendus par les Conseils peuvent et doivent s'évaluer d'après le nombre des Conciliations effectuées.

C'est là, croyons-nous, une façon de penser qu'il est bon de n'admettre que sous certaines réserves. Il est trop évident par exemple, que le relèvement du nombre des Conciliations n'aurait rien de favorable s'il était l'effet du découragement de certains plaideurs qui, désespérant d'obtenir justice, préféreraient se soumettre à toutes les conditions exigées en conciliation, plutôt que de s'exposer à être condamnés sans examen.

En supposant même un Conseil de Prud'hommes inspirant aux justiciables la plus entière confiance, les Conciliations qui s'y réaliseront ne mériteront d'être approuvées que si les Conseillers conciliateurs se sont inspirés des véritables principes qui doivent normalement les guider dans leur œuvre de conciliation, c'est-à-dire si, tout en cherchant à amener un accord entre les deux parties, ils ont su respecter le droit de chacune d'elles.

A cet égard, les situations diffèrent avec les diverses affaires ; mais on peut aisément distinguer trois catégories de cas :

1° Les parties sont d'accord sur les faits de la cause et sur leur signification, mais contestent le principe de droit à appliquer. La question qui se pose est donc celle de savoir : Quel droit doit être appliqué à des faits constants ? Il est certain en pareil cas que l'une des parties a tort, que l'autre a raison ; mais qui a tort, qui a raison ? C'est là ce que le Prud'homme doit s'efforcer de dégager et de faire connaître aux parties. Si, comme il arrivera souvent, la solution juridique est nette, certaine, soit que le texte de la loi ne laisse aucun doute, soit que la jurisprudence en ait fixé l'interprétation, le juge ne peut évidemment s'en écarter. Il doit se borner à faire connaître la loi aux parties et à les engager à en faire d'elles-mêmes l'application à leur différend pour éviter les mauvais effets d'un jugement certain d'avance. Agir autrement serait de sa part favoriser l'un aux dépens de l'autre et fausser la loi dont il a la garde. Cependant, si les principes du droit avaient donné naissance à des interprétations différentes de la part des jurisconsultes, ou à des solutions contraires de la part des Conseils de Prud'hommes et de leurs Juges d'appel, en un mot, si la doctrine et la jurisprudence sont restées mal définies, le Prud'homme pourra engager les parties à se faire de mutuelles concessions en leur représentant que la difficulté peut être tranchée dans un sens comme dans l'autre, et qu'en somme un mauvais arrangement vaut mieux qu'un bon procès. Cette situation se présente d'ailleurs rarement et se fera de plus en plus rare si les Conseils de Prud'hommes arrivent au but que nous cherchons à atteindre et que tous désirent ardemment : l'unification de leur jurisprudence.

2° Les parties, sans élever aucune contestation sur le droit, sont en désaccord sur les faits de la cause, ou sur leur signification. En pareil cas, s'il arrive à se convaincre qu'aucune des parties n'apporte à l'appui de sa prétention une preuve décisive, le Prud'homme conciliateur ne peut considérer l'une des parties comme ayant tort, l'autre comme ayant raison. La cause est douteuse pour lui, elle le sera également devant le Bureau général, et chacune des parties, en poursuivant le procès, s'exposera fatalement aux risques d'une appréciation qu'on ne saurait prévoir ; c'est alors que le Prud'homme conciliateur doit jouer ce rôle d'arbitre en vue duquel la conciliation a été principalement instituée. Ne relevant que de sa conscience, il cherchera en toute liberté la solution qui lui paraîtra la plus équitable, et pourra proposer aux parties tous les arrangements qui lui paraîtront propres à amener une entente.

3° Les parties contestent à la fois les faits ou leur signification et le droit à appliquer en les supposant constants. Le Prud'homme conciliateur doit alors scinder l'examen de la contestation en deux parties bien distinctes. Il fera d'abord la part de la loi, de façon à éliminer du débat, autant que ce sera possible (Voyez ce que nous disons plus haut au § 1°), tout doute sur ce point. S'il y parvient, il n'aura plus qu'à reprendre l'affaire au point de vue des faits et de leur signification et à proposer une conciliation dans les conditions que nous venons d'indiquer pour le deuxième cas. Comme on le voit, le Prud'homme conciliateur doit bien se garder de ne se croire lié par aucune règle. Il est bien rare, en effet, que le désaccord ne porte que sur les faits ou sur leur signification ; presque toujours, lorsque la question de droit ne se présente pas exclusivement, elle est intimement mêlée au débat ; or, en pareil cas, et en ce qui le concerne, le Prud'homme conciliateur doit se considérer comme lié par le respect du droit qui ne lui permet pas de proposer des arrangements susceptibles d'en entraîner la violation.

*
* *

Les séances du Bureau particulier doivent avoir lieu au moins une fois par semaine. Elles peuvent être publiques ou privées. Le Bureau particulier ou de conciliation a surtout pour but, comme son nom l'indique, la conciliation ; et la publicité des débats a souvent pour résultat d'empêcher cette conciliation qui est le but principal de l'institution : bon nombre de litiges sont nés d'un amour-propre froissé, de devoirs ou de droits mal compris, et ce même amour-propre, souvent mal placé, empêche nombre de gens de reconnaître publiquement leurs erreurs ou leurs torts.

La discussion privée, au contraire, débarrassée du décorum de l'audience, peut présenter le caractère d'intimité, de laisser aller, si l'on veut, qu'on peut demander à ce tribunal familial. Les questions d'ordre intime pourront y être examinées librement ; le Juge pourra poser des questions, présenter des observations, faire des représentations, donner des conseils, toutes choses enfin qui doivent rester ignorées du public. A l'amour-propre, au défaut de connaissances, il faut ajouter également, — nous en avons eu souvent la preuve, — les excitations étrangères, les bravades même qui, plus que tout le reste, empêchent la conciliation et dont l'effet disparaît certainement dans la discussion privée. Ce mode de procéder paraît être l'un des facteurs les plus importants de la conciliation.

Par contre, on peut dire que beaucoup d'affaires insignifiantes seraient portées devant les Conseils et feraient perdre à tous, Juges et Justiciables, un temps précieux et mieux employé ailleurs Nous ne pensons pas que cette considération puisse l'emporter sur les précédentes.

Dans tous les cas, le Président est le meilleur juge et il n'a qu'à consulter sa conscience pour agir au mieux des intérêts des justiciables, suivant les circonstances.

INTERVENTION IMMÉDIATE DU BUREAU GÉNÉRAL SUR LA DEMANDE DES PARTIES.

On sait que la juridiction prud'homale a été instituée pour juger vite et sans frais ; le Président, dans toutes les circonstances, doit en tenir compte.

Aux termes des dispositions de l'article 7 du Code de procédure civile, les parties peuvent se présenter volontairement devant le Juge de paix, lui soumettre leur différend et requérir jugement.

Les lois qui régissent les Prud'hommes sont muettes sur ce point ; mais nous pensons que l'article 7 peut recevoir aussi son application devant cette juridiction.

Lors donc qu'une affaire présentée devant le Bureau particulier ou de conciliation n'a pu être arrangée, le Président, pour ne pas faire revenir les intéressés une seconde fois et ainsi leur éviter une perte de temps, peut proposer à ces derniers de faire régler leur différend par le Bureau général *lorsqu'il doit être constitué* après le Bureau particulier.

Les justiciables ne peuvent qu'en tirer le plus grand profit.

Il y a plus. Les Conseillers du Bureau général souvent présents, comme simples auditeurs, à l'audience du Bureau particulier, connaissent déjà les détails de l'affaire et peuvent ainsi la terminer beaucoup plus vite et avec moins de difficultés.

CONTRAT D'APPRENTISSAGE

LOI DU 22 FÉVRIER 1851.

DE LA NATURE ET DE LA FORME DU CONTRAT

ART. 1er. — Le contrat d'apprentissage est celui par lequel un fabricant, un chef d'atelier, ou un ouvrier s'oblige à enseigner la pratique de sa profession à une autre personne qui s'oblige, en retour, à travailler pour lui ; le tout à des conditions et pendant un temps convenus.

ART. 2. — Le contrat d'apprentissage est fait par acte public ou par acte sous seing privé.

Il peut aussi être fait verbalement : mais la preuve testimoniale n'en est reçue que conformément au titre du Code civil des contrats ou des obligations conventionnels en général.

Les notaires, les secrétaires des conseils de prud'hommes et les greffiers de justices de paix peuvent recevoir l'acte d'apprentissage.

Cet acte est soumis, pour l'enregistrement, au droit fixe d'un franc, lors même qu'il contiendrait des obligations de sommes en valeurs mobilières, ou des quittances.

Les honoraires dus aux officiers publics sont fixés à deux francs.

ART. 3. — L'acte d'apprentissage contiendra :

1° Les nom, prénoms, âge, profession et domicile du maître ;

2° Les nom, prénoms, âge et domicile de l'apprenti ;

3° Les nom, prénoms, profession et domicile de ses père et mère, de son tuteur, ou de la personne autorisée par les parents, et, à leur défaut, par le juge de paix ;

4° La date et la durée du contrat ;

5° Les conditions de logement, de nourriture, de prix et toutes autres arrêtées entre les parties.

Il devra être signé par le maître et par les représentants de l'apprenti.

DES CONDITIONS DU CONTRAT

ART. 4. — Nul ne peut recevoir des apprentis mineurs, s'il n'est âgé de vingt et un ans au moins.

ART. 5. — Aucun maître, s'il est célibataire ou en état de veuvage, ne peut loger, comme apprenties, de jeunes filles mineures.

ART. 6. — Sont incapables de recevoir des apprentis :

Les individus qui ont subi une condamnation pour crime ;

Ceux qui ont été condamnés pour attentats aux mœurs ;

Ceux qui ont été condamnés à plus de trois mois d'emprisonnement pour les délits prévus par les articles 388, 401, 405, 406, 407, 408, 423 du Code pénal.

ART. 7. — L'incapacité résultant de l'article 6 pourra être levée par le Préfet, sur l'avis du Maire, quand le condamné, à l'expiration de sa peine, aura résidé pendant trois ans dans la même commune.

A Paris, les incapacités sont levées par le Préfet de police.

DEVOIRS DES MAITRES ET DES APPRENTIS

ART. 8. — Le maître doit se conduire envers l'apprenti en bon père de famille, surveiller sa conduite et ses mœurs, soit dans la maison, soit au dehors, et avertir ses parents ou leurs représentants des fautes graves qu'il pourrait commettre, ou des penchants vicieux qu'il pourrait manifester.

Il doit aussi les prévenir sans retard, en cas de maladie, d'absence ou de tout autre fait de nature à motiver leur intervention.

Il n'emploiera l'apprenti, sauf conventions contraires, qu'aux travaux et services qui se rattachent à l'exercice de sa profession. Il ne l'emploiera jamais à ceux qui seraient insalubres ou au-dessus de ses forces.

ART. 9. — La durée du travail effectif des apprentis âgés de moins de quatorze ans ne pourra dépasser dix heures par jour.

Pour les apprentis âgés de quatorze à seize ans, elle ne pourra dépasser douze heures.

Aucun travail de nuit ne peut être imposé aux apprentis de moins de seize ans.

Est considéré comme travail de nuit tout travail fait entre neuf heures du soir et cinq heures du matin.

Les dimanches et jours de fêtes reconnues ou légales, les apprentis, dans aucun cas, ne peuvent être tenus, vis-à-vis de leur maître, à aucun travail de leur profession.

Dans le cas où l'apprenti serait obligé, par suite des conventions ou conformément à l'usage, de ranger l'atelier aux jours ci-dessus marqués, ce travail ne pourra se prolonger au delà de dix heures du matin.

Il ne pourra être dérogé aux dispositions contenues dans les trois premiers paragraphes du présent article que par un arrêté du Préfet, rendu sur l'avis du Maire.

Art. 10. — Si l'apprenti âgé de moins de seize ans ne sait pas lire, écrire et compter, ou s'il n'a pas encore terminé sa première éducation religieuse, le maître est tenu de lui laisser prendre, sur la journée de travail, le temps et la liberté nécessaires pour son instruction.

Néanmoins ce temps ne pourra excéder deux heures par jour.

Art. 11. — L'apprenti doit à son maître fidélité, obéissance et respect ; il doit l'aider par son travail dans la mesure de son aptitude et de ses forces.

Il est tenu de remplacer, à la fin de l'apprentissage, le temps qu'il n'a pu employer par suite de maladie ou d'absence ayant duré plus de quinze jours.

Art. 12. — Le maître doit enseigner à l'apprenti, progressivement et complètement, l'art, le métier ou la profession spéciale qui fait l'objet du contrat.

Il lui délivrera, à la fin de l'apprentissage, un congé d'acquit ou certificat constatant l'exécution du contrat.

Art. 13. — Tout fabricant, chef d'atelier ou ouvrier, convaincu d'avoir détourné un apprenti de chez son maître pour l'employer en qualité d'apprenti ou d'ouvrier, pourra être passible de tout ou partie de l'indemnité à prononcer au profit du maître abandonné.

DE LA RÉSOLUTION DU CONTRAT

Art. 14. — Les deux premiers mois de l'apprentissage sont considérés comme un temps d'essai pendant lequel le contrat peut être annulé par la seule volonté de l'une des parties. Dans ce cas, aucune indemnité ne sera allouée à l'une ou l'autre partie, à moins de convention expresse.

Art. 15. — Le contrat d'apprentissage sera résolu de plein droit.

3

1° Par la mort du maître ou de l'apprenti ;

2° Si l'apprenti ou le maître est appelé au service militaire ;

3° Si le maître ou l'apprenti vient à être frappé d'une des condamnations prévues en l'article 6 de la présente loi ;

4° Pour les filles mineures, dans le cas de décès de l'épouse du maître ou de toute autre femme de la famille qui dirigeait la maison à l'époque du contrat.

ART. 16. — Le contrat peut être résolu sur la demande des parties ou de l'une d'elles :

1° Dans le cas où l'une des parties manquerait aux stipulations du contrat ;

2° Pour cause d'infraction grave ou habituelle aux prescriptions de la présente loi ;

3° Dans le cas d'inconduite habituelle de la part de l'apprenti ;

4° Si le maître transporte sa résidence dans une autre commune que celle qu'il habitait lors de la convention ;

Néanmoins, la demande en résolution fondée sur ce motif ne sera recevable que pendant trois mois à compter du jour où le maître aura changé de résidence.

5° Si le maître ou l'apprenti encourait une condamnation emportant un emprisonnement de plus d'un mois ;

6° Dans le cas où l'apprenti viendrait à contracter mariage.

ART. 17. — Si le temps convenu pour la durée de l'apprentissage dépasse le maximum de la durée consacrée par les usages locaux, ce temps peut être réduit ou le contrat résolu.

DE LA COMPÉTENCE

ART. 18. — Toute demande à fin d'exécution ou de résolution de contrat sera jugée par le Conseil de Prud'hommes dont le maître est justiciable, et, à défaut, par le juge de paix du canton.

Les réclamations qui pourraient être dirigées contre les tiers, en vertu de l'article 13 de la présente loi, seront portées devant le Conseil de Prud'hommes ou devant le Juge de paix du lieu de leur domicile.

ART. 19. — Dans les divers cas de résolution prévus en la section 4 du titre 1er, les indemnités ou les restitutions qui pourraient être dues à l'une ou à l'autre des parties seront, à défaut de stipulation expresse, réglées par le Conseil de Prud'hommes, ou par le Juge de paix dans les cantons qui ne ressortissent point à la juridiction d'un Conseil de Prud'hommes.

Art. 20. — Toute contravention aux articles 4, 5, 6, 9 et 10 de la présente loi sera poursuivie devant le tribunal de police, et punie d'une amende de cinq à quinze francs.

Pour les contraventions aux articles 4, 5, 9 et 10, le tribunal de police pourra, dans le cas de récidive, prononcer, outre l'amende, un emprisonnement d'un à cinq jours.

En cas de récidive, la contravention à l'article 6 sera poursuivie devant les tribunaux correctionnels, et punie d'un emprisonnement de quinze jours à trois mois, sans préjudice d'une amende qui pourra s'élever de cinquante francs à trois cents francs.

Art. 21. — Les dispositions de l'article 463 du Code pénal sont applicables aux faits prévus par la présente loi.

Art. 22. — Sont abrogés les articles 9, 10 et 11 de la loi du 22 germinal an XI.

DE L'APPRENTISSAGE

COMMENTAIRE DE LA LOI DU 22 FÉVRIER 1851

DOCTRINE ET JURISPRUDENCE

L'apprentissage est l'étude que fait un individu, généralement mineur, chez un maître ou patron, sous sa surveillance et son enseignement, des connaissances théoriques et pratiques qui lui permettront à un moment donné d'exercer une profession, un métier, un art manuels, et même de l'enseigner à son tour.

Pour arriver à ce résultat le maître et l'apprenti passent ensemble un véritable contrat verbal ou écrit, d'où naissent des obligations et des devoirs réciproques.

Ces obligations et ces devoirs ont été réglés par la loi du 22 février 1851, et la connaissance des difficultés qui peuvent surgir dans l'exécution du contrat a été attribuée aux Conseils de Prud'hommes et, à leur défaut, aux Juges de Paix.

Cette loi a déterminé la forme, la nature et les conditions du contrat, les devoirs des maîtres et des apprentis et les causes de résolution ; mais dans la pratique bien des questions se présentent qui n'ont point été résolues par le législateur ; ce sont ces questions que nous nous proposons d'examiner en nous appuyant sur les auteurs autorisés qui ont traité cette matière, notamment MM. Mollot, Hayem et Périn, et les rédacteurs des Pandectes françaises.

I

DE LA NATURE ET DE LA FORME DU CONTRAT D'APPRENTISSAGE

Le contrat d'apprentissage, dit l'article premier, est celui par lequel *un fabricant ou un chef d'atelier ou un ouvrier s'oblige à enseigner la pratique de sa profession à une autre personne qui s'oblige, en retour, à travailler pour lui, le tout à des conditions et pendant un temps convenus.*

L'article 12 ajoute : *Le maître doit enseigner à l'apprenti, progressivement et complètement, l'art, le métier ou la profession spéciale qui fait l'objet du contrat.*

Ces deux articles pourraient être confondus en un seul et on pourrait définir ainsi le contrat d'apprentissage : *Le contrat d'apprentissage est celui par lequel un individu, artiste, fabricant, chef d'atelier ou ouvrier, s'oblige à enseigner complètement et progressivement la pratique de son art, de son métier ou de sa profession à un autre individu qui, en retour, s'oblige à travailler pour lui, le tout à des conditions et pendant un temps convenus.*

Et il ne faut pas confondre le contrat d'apprentissage avec cette convention, celle-ci véritable contrat de louage de travail, par laquelle des parents placent, pour un temps plus ou moins long, leur enfant mineur chez un maître qui le paie en raison de son travail ; la nature essentielle du contrat d'apprentissage est l'enseignement de la profession par le maître à l'apprenti.

Le contrat est écrit ou verbal.

Les personnes capables pour le recevoir sont les notaires, les greffiers de Justices de paix, les secrétaires de Conseils de Prud'hommes ; les parties elles-mêmes peuvent le faire sous seing privé.

II

DE LA CAPACITÉ DES PARTIES

En principe, toutes personnes majeures et jouissant de leurs droits civils sont capables pour passer un contrat d'apprentissage, en qualité de maîtres.

Cependant la femme mariée, majeure ou émancipée par le mariage, et même séparée de biens, ne pourra le faire sans le consentement de son mari : mais il peut en être autrement de la femme mariée et autorisée par son mari, car le fait de prendre un apprenti est un acte commercial.

Il n'en va pas ainsi du mineur émancipé, autorisé à faire le commerce ; la loi se montre excessivement soucieuse des intérèts moraux et matériels des incapables, elle frappe de lourdes responsabilités ceux à l'autorité desquels ils sont confiés, et dont ne peut être chargé un mineur encore incapable civilement ; l'article 4 doit donc être strictement appliqué.

Toutes personnes majeures peuvent s'engager comme apprentis.

Mais le mineur émancipé peut-il le faire ? On peut dire que le contrat d'apprentissage est un acte de pure administration ; le mineur ne s'engage que pour une durée de trois ou quatre années au maximum ; il a la jouissance de ses revenus et peut les employer au paiement de son apprentissage ; cependant, s'il lui fallait avoir recours à son capital pour payer cet apprentissage, il devrait demander l'assistance de son curateur et l'autorisation du Conseil de famille ; dans tous les cas, il peut exercer l'action en rescision pour cause d'erreur de sa part ou de dol de la part de son maître.

Le mineur non émancipé ne peut souscrire un contrat d'apprentissage ni comme maître ni comme apprenti ; en conséquence, le contrat conclu entre un maître et un apprenti mineur est nul de plein droit.

Les personnes capables de traiter pour le mineur sont :

Le père, ou la mère, agissant comme mandataire de son mari, et, si le père a disparu, la mère seule, par application des dispositions de l'article 141 du Code civil, pourra valablement passer un contrat au nom de son enfant mineur ; dans ce dernier cas, il a été jugé par le Conseil de Prud'hommes de Lyon (4 octobre 1871) qu'à son retour, le père était tenu de respecter le contrat signé par sa femme en son absence, et serait passible de dommages-intérèts envers le patron s'il voulait résilier le contrat avant l'expiration fixée.

Le tuteur, sans qu'il ait besoin de l'autorisation du Conseil de famille ; si cependant le prix de l'apprentissage était élevé par rapport à la fortune du mineur, le tuteur ferait bien de demander l'autorisation du Conseil de famille ; mais ce défaut d'autorisation ne vicierait pas le contrat ; seul le tuteur pourrait avoir engagé sa responsabilité personnelle pour avoir pris des engagements excessifs au nom du mineur.

Le mineur peut avoir d'autres représentants légaux, notamment toutes personnes autorisées par les parents, et, à leur défaut, par le Juge de Paix, et enfin le Juge de Paix lui-même ; mais dans le cas où le mineur a des parents vivants, nous pensons que le Juge de paix n'est autorisé à faire représenter l'enfant par une personne de son choix que lorsque les parents ne veulent absolument pas ou ne peuvent, pour cause d'incapacité morale ou légale, se charger du soin des intérêts de leurs enfants.

Si le mineur est enfant naturel, il peut être représenté par celui de ses père et mère qui l'a reconnu. Si le père et la mère l'ont reconnu tous deux, faudra-t-il donner la préférence au père ? La situation de l'enfant naturel est toute différente de celle de l'enfant légitime : il n'a pas de famille, et s'il a des parents dans le père et la mère qui l'ont reconnu, il n'y a entre ceux-ci aucun lien légal ; nous pensons donc qu'en cas de désaccord entre ces parents la préférence doit être donnée à celui des deux qui l'aura reconnu le premier, ou qui l'aura élevé, instruit, aura pourvu à tous ses besoins, en un mot aura rempli envers lui les devoirs naturels de la paternité.

Si enfin le mineur est un enfant trouvé, placé dans un asile, un hospice, un établissement de charité ou de bienfaisance, le Président du Conseil d'administration ou la personne désignée par le Conseil pourra valablement stipuler au nom du mineur.

Le but de la loi est de prémunir les mineurs contre leur faiblesse et leur inexpérience, de les conduire jusqu'à leur majorité, et de préparer leur avenir en les plaçant sous l'autorité ou sous la direction de personnes présentant toutes garanties d'honnêteté, de moralité et de solvabilité, et, en cas de discussion, c'est dans ces garanties que le juge devra chercher les éléments de la décision qu'il est appelé à rendre en cas de contestation sur la capacité de la personne qui a traité au nom du mineur.

Il est admis en jurisprudence, qu'au cas de désaccord entre le père et la mère légitimes, celle-ci, en invoquant l'article 219 du Code civil, peut faire citer son mari devant le Tribunal de première instance et demander l'autorisation refusée par le mari ; c'est qu'en effet l'intérêt de l'enfant mineur est en jeu, et dans le cas où ses intérêts sont en souffrance par suite de la négligence ou de la mauvaise volonté de son père, on ne peut refuser à la mère le droit de sauvegarder l'intérêt de son enfant et, pour cela, de recourir à la justice.

En cas de divorce ou même de séparation de corps, on admet généralement que l'époux à qui est confiée la garde des enfants a le droit de choisir la profession et le maître.

III

DE LA FORME DU CONTRAT

L'article 2 fait connaître que le contrat d'apprentissage peut être dressé par *un officier public, notaire, greffier ou secrétaire des Prud'hommes, ou peut être fait par acte sous seing privé.*

Dans le premier cas, il est authentique ; il est rédigé en minute et une expédition est remise à chacune des parties ; dans le second cas, il est fait en autant d'originaux qu'il y a de parties ayant un intérêt distinct.

L'article 3 prescrit les énonciations essentielles que doit contenir le contrat, sans qu'il y ait lieu de distinguer s'il est authentique ou sous seing privé. Il ne frappe pas de nullité le contrat qui présenterait l'omission d'une de ces énonciations ; nous ferons seulement remarquer que la mention de l'âge du maître et de l'apprenti peut avoir une certaine importance. La première a pour but de faire connaître si le maître est capable ou non, par suite de majorité ou de minorité, de recevoir des apprentis ; l'autre, si les travaux que le maître exige de l'apprenti sont en rapport avec son âge.

IV

DES CONDITIONS DU CONTRAT

DE LA DURÉE

Le législateur n'a assigné aucune durée au contrat d'apprentissage ; cette durée est débattue et fixée par les parties de gré à gré, et varie selon les usages, selon la nature de la profession, l'âge de l'apprenti, le prix qu'il paie au maître, et les diverses autres considérations qui influent sur tous les traités.

Cependant l'article 17 porte que si le temps convenu pour la durée de l'apprentissage dépasse le maximum de la durée consacrée par les usages locaux ce temps peut être réduit ou le contrat résolu.

Une pareille convention peut constituer en effet une véritable lésion au préjudice de l'apprenti ; de plus elle peut intéresser l'ordre public en frappant la liberté, et pour ainsi dire l'existence de l'apprenti.

Remarquons d'ailleurs que la loi de 1851 dit que le contrat peut être résolu ou la durée de l'apprentissage réduite ; le Juge, donc, doit faire usage de son droit d'appréciation, c'est-à-dire décider si, d'après les clauses du contrat soumis à son examen, les charges imposées au maître sont ou ne sont pas de nature à justifier la durée de l'apprentissage telle qu'elle a été fixée. Le Juge pourrait, en conséquence, alors même que la durée de l'apprentissage serait supérieure au maximum consacré par l'usage, maintenir cette clause du contrat, car il jouit dans cette hypothèse spéciale de l'article 17 d'un pouvoir d'appréciation qui lui appartient nécessairement lorsque les parties n'ont pas ou ont mal fixé la durée de l'apprentissage. L'usage ne le lie pas, ce n'est pour lui qu'une base variable d'appréciation ; et, si le contrat n'a pas fixé la durée de l'apprentissage il doit d'abord être tenu compte de l'usage et des autres clauses du contrat.

La loi de 1851 n'a donc restreint la liberté des parties qu'à l'égard de la durée de l'apprentissage ; elle n'a pas voulu en effet que la liberté de l'apprenti, son temps, son travail, ses forces, pussent devenir, de la part du maître, l'objet d'un trafic odieux. En principe, cependant, lorsque le prix de l'apprentissage ne résulte que de sa durée, on doit admettre qu'il est juste de fixer une durée plus longue à l'apprentissage. Il est équitable en effet que le maître puisse, lorsque l'apprenti sera en état de lui rendre de véritables services, profiter pendant un certain temps de ses services, comme compensation du temps qu'il a passé, des soins qu'il a donnés, des pertes qu'il a pu subir à raison des malfaçons de l'apprenti.

Ce temps variera donc suivant que le métier sera plus ou moins difficile, plus ou moins lucratif, ou que le maître aura dû loger, nourrir et entretenir l'apprenti.

Il est extrêmement difficile d'assigner une durée minimum ou maximum à l'apprentissage ; Mollot dit que la durée ordinaire de l'apprentissage dans le plus grand nombre de professions est de cinq à six ans. Ce qui pouvait être exact il y a cinquante ans, ne l'est plus aujourd'hui ; les progrès de la mécanique depuis un demi-siècle ont considérablement simplifié la main d'œuvre, et à part quelques professions qui rentrent plus particulièrement dans le domaine de l'art, on peut dire que la durée maximum de l'apprentissage est de trois ou quatre années.

La nature de la profession, les circonstances particulières de la cause, les usages, pourront en cas de différend, guider les juges dans l'appréciation qu'ils auront à faire de la durée du contrat, et leur permettront soit de la réduire, soit de résilier le contrat, comme ils y sont autorisés par la loi de 1851, mais seulement dans l'hypothèse spéciale de son article 17.

DU PRIX DE L'APPRENTISSAGE

Le prix de l'apprentissage peut consister soit en argent, soit en travail, soit en argent et en travail réunis ; les parties ont à cet égard toute liberté, sauf, en ce qui concerne le temps, les restrictions apportées par les articles 9 et 17, et les obligations imposées aux patrons par la loi du 2 novembre 1892 sur le travail des mineurs dans les manufactures.

Les services que le maître rend à l'apprenti, par l'enseignement de sa profession, peuvent avoir comme équivalent ou le temps et le travail de cet apprenti, ou l'argent que celui-ci s'engage à lui verser ; par réciprocité, les services que l'apprenti rend au maître dont il apprend le métier se compensent avec le temps que le maître emploie à enseigner, ou l'argent que ce dernier doit lui verser en échange de son travail et de ses services.

Lorsque le contrat est arrivé à son terme ou a été rompu d'un commun accord, pendant combien de temps les parties pourront-elles en réclamer le prix ? En d'autres termes, par quel laps de temps se prescrit l'action du maître et de l'apprenti ?

Nous pensons qu'il y a lieu de distinguer entre l'action du maître et celle de l'apprenti.

En ce qui touche l'action du maître, l'article 2272, § 4 est formel :

Celle (l'action) des maîtres de pension pour la pension de leurs élèves et des autres maîtres pour le prix de l'apprentissage, se prescrit par un an. Quant à l'action de l'apprenti et malgré l'inégalité de situation qui en résultera pour lui, nous pensons qu'elle aura une durée plus courte ; elle sera régie par l'article 2271 Code civil, aux termes duquel « l'action des ouvriers et gens de travail pour le paiement de leurs journées, fournitures et salaires, *se prescrit par six mois.* »

Qu'est-ce qu'un apprenti, sinon un ouvrier à temps ? Si nous consultons M. Mollot, il nous dira : « Les ouvriers à temps sont ceux qui, dans les fabriques et pour toutes les professions industrielles, louent leurs services à la journée, à la huitaine, à la quinzaine, au mois ». Ailleurs : « Le contrat d'apprentissage tient du louage d'ouvrage et d'industrie en ce que l'élève engage son temps et son travail au maître. » Nécessairement il ne l'engage que pour un temps déterminé, et que ce soit à la huitaine ou à l'année, la durée ne change pas la nature des services engagés. Si donc nous rapprochons les deux définitions données par M. Mollot de l'ouvrier à temps et du contrat d'apprentissage, et si nous remarquons que l'article premier de la loi de 1851 dit que l'apprenti « *s'oblige à travailler pour le maître* », on verra, ainsi que l'établissent MM. Hayem et Périn, que c'est aux mêmes signes et aux mêmes actes qu'on reconnaît la qualité d'apprenti et d'ouvrier.

En vain on prétendrait aussi que l'action de l'un ou de l'autre se prescrit par cinq ans en raison de ce que le prix de l'apprentissage se paie par fractions périodiques. A cela nous répondrons avec les auteurs déjà cités, que cette prescription s'applique à des sommes fixes payables par année ou à des termes plus courts, et que le prix d'apprentissage est la représentation d'un salaire acquis ou de soins donnés, par conséquent essentiellement variable, et n'a pas le caractère régulier et périodique voulu par l'article 2277 du Code civil.

DE LA PREUVE DU CONTRAT

Cette preuve peut résulter soit d'un écrit soit de témoignages. Rappelons que la preuve testimoniale ne peut être admise au delà de 150 fr. ; toutefois il y a exception quand il y a commencement de preuve écrite ou impossibilité matérielle de se procurer la preuve littérale du contrat.

Quels sont donc les moyens légaux que peuvent employer les parties, à défaut de preuves ou témoignages pour justifier l'existence du contrat ou l'une des clauses de ce contrat ?

Les Pandectes françaises, au titre « *Apprentissage* », indiquent tout d'abord l'interrogatoire sur faits et articles. L'article 324 du Code de procédure civile porte en effet que : « *Les parties peuvent en toute matière et en tout état de cause, demander à se faire interroger respectivement sur les faits et articles pertinents concernant seulement la matière dont il est question.* » Cette disposition, conçue en termes généraux, peut être employée, avec profit, devant les Conseils de Prud'hommes ; c'est une procédure qui paraît de nature à amener la conciliation sur laquelle est basée cette institution.

Bien que l'interrogatoire sur faits et articles ne puisse avoir lieu qu'entre parties, à l'exclusion des tiers, on s'est demandé si l'on peut interroger des personnes qui sont intéressées dans la cause sans être parties dans le sens propre du mot, et MM. Hayem et Périn, se fondant sur la doctrine consacrée par la jurisprudence et qui consiste à interroger la femme commune en biens dans toutes les affaires qui concernent son mari, MM. Hayem et Périn, disons-nous, émettent l'avis que la femme pourra être interrogée sur faits et articles relatifs soit au contrat d'apprentissage, soit à l'apprentissage, parce qu'au besoin elle remplace son mari, et qu'à son défaut ou en son absence, elle a le pouvoir dont il jouit et peut l'exercer.

De même, et dans le cas où l'apprenti mineur est en tutelle, le subrogé-tuteur et le co-tuteur pourront être interrogés.

L'article 1356 du Code civil fournit un autre moyen de preuve dans l'aveu judiciaire, c'est-à-dire dans la déclaration que fait la partie ou son fondé de pouvoir en justice, dans l'espèce, devant le Conseil de Prud'hommes et pour les localités où il n'en existe pas, devant le Juge de Paix.

L'aveu fait pleine foi contre celui qui l'a fait ; il ne peut être divisé contre lui. Il ne peut être révoqué à moins qu'on ne prouve qu'il a été la suite d'une erreur de fait. Il ne pourrait être révoqué sous prétexte d'une erreur de droit.

L'aveu judiciaire est indivisible ; c'est-à-dire qu'on ne peut demander acte d'un fait et en rejeter un autre allégué en même temps ; il faut l'admettre pour le tout dans son ensemble ou renoncer à s'en prévaloir.

Toutefois cela doit s'entendre de l'aveu fait une seule fois dans une circonstance unique.

Un autre mode de preuve orale consiste dans le serment judiciaire décisoire ou d'office, établi par les articles 1358 et suivants et 1366 et suivants du Code civil.

Le serment décisoire peut être déféré *sur quelque contestation que ce soit, en tout état de cause, mais sur un fait personnel seulement et encore qu'il n'existe aucun commencement de preuve.*

Le serment d'office *est déféré par le juge, mais dans deux cas seulement :*

1° *Lorsque la demande ou l'exception n'est pas pleinement justifiée ;*
2° *Lorsqu'elle n'est pas totalement dénuée de preuves.*

Le fait de déférer le serment d'office nous paraît extrêmement délicat, et nous croyons que le juge ne doit recourir à ce moyen qu'à défaut d'autres et lorsque les différentes circonstances de la cause paraissent militer en faveur d'un fait qui ne peut être prouvé juridiquement que par l'affirmation solennelle d'une des parties.

Enfin le juge, en l'absence de toute autre preuve, peut recourir aux présomptions, telles qu'elles sont définies par les articles 1350 et 1353 du Code civil. Les présomptions légales, c'est-à-dire attachées par la loi à certains actes et à certains faits, comme la nullité d'un acte fait en fraude de la loi, l'autorité de la chose jugée, la force donnée à l'aveu de la partie ou à son serment. Les présomptions simples, c'est-à-dire résultant de l'ensemble des faits et des circonstances : elles doivent être graves, précises, concordantes et sont abandonnées aux lumières et à la prudence des juges.

On a agité la question de savoir si le contrat d'apprentissage n'était pas un acte commercial à l'égard du maître et de l'apprenti, ou du premier seulement, et si comme tel, il ne permettait pas d'employer les différents modes de preuves indiquées par l'article 109 du Code de Commerce.

A l'égard du mineur, à moins qu'il ne soit émancipé et autorisé à faire le commerce, le contrat d'apprentissage est purement civil ; on pourrait le considérer comme acte de commerce à l'égard du maître, mais il en résulterait que l'apprenti se trouverait dans une situation bien moins

avantageuse que celui-ci ; et d'ailleurs, en édictant que la preuve testimoniale ne peut être reçue que conformément au titre du Code civil, l'article 2
de la loi de 1851 paraît donner au contrat d'apprentissage un caractère
purement civil.

DES DEVOIRS DU MAITRE

Les articles 8 et 12 de la loi de 1851 déterminent les obligations du
maître.

*Il doit se conduire en bon père de famille, surveiller la conduite et les
mœurs de l'apprenti, avertir les parents de celui-ci des fautes graves qu'il
pourrait commettre ou de ses mauvais penchants.*

Le maître doit se conduire en bon père de famille. Cette obligation
dérive du droit qu'a l'enfance ou la jeunesse de trouver partout aide et
protection contre sa faiblesse, son inexpérience et même ses mauvais penchants. Le père de famille que sa situation oblige à se séparer de son enfant
à l'âge où la transformation physique et morale s'opère chez celui-ci, a
le droit d'attendre de celui à qui il le confie, qui le remplacera, sinon
complètement, du moins dans la plus large mesure possible, les soins et
la surveillance dont son enfant aura besoin.

Le maître sera donc bon avec son apprenti ; il lui donnera des conseils,
le réprimandera s'il le faut ; il pourra être sévère, mais jamais ni grossier,
ni brutal, et si ses conseils ou ses réprimandes n'aboutissent à aucun
résultat, son devoir est d'en avertir les parents ou ceux sous l'autorité
immédiate desquels il est placé par la loi.

Le maître a-t-il le droit de châtier l'apprenti et de lui infliger des
punitions ou des corrections ? On peut admettre que le maître pourra user
à l'occasion de la correction légère, infligée avec l'intention de ne pas
blesser, mais en tant qu'elle ne se répétera que rarement et sera motivée
par l'attitude inconvenante de l'apprenti. C'est la cause des difficultés les
plus nombreuses qui surgissent au cours de l'apprentissage ; la vérité est
souvent difficile à établir, et nous pensons que le meilleur moyen à
employer par le maître, comme aussi le plus efficace, est la punition
consistant à le retenir tout ou partie d'un jour de sortie, à le priver de
certains plaisirs promis ou d'une gratification donnée en récompense de
bons services.

Mais il est interdit au maître d'user de mauvais traitements, et si
l'apprenti se montre par trop insoumis ou insolent, il doit en avertir les
parents ou même demander la résiliation du contrat aux torts de
l'apprenti.

Et il ne s'agit pas seulement du maître personnellement, mais aussi de membres de sa famille, des autres ouvriers de l'atelier, de ceux enfin dont ce maître peut être responsable.

Ce droit de correction qui appartient au père et à la mère, et seulement dans une certaine limite, comme attribut de la puissance paternelle, ne peut pas être délégué par eux au maître, et alors que les parents auraient autorisé le maître à corriger leur enfant, celui-ci ne doit user de cette autorisation qu'avec la plus grande réserve, et de préférence demander, comme nous venons de le dire, la résiliation du contrat.

Le maître devra veiller à ce que l'apprenti ne soit pas exposé aux grossièretés ou aux brutalités de ses subordonnés, qu'il n'en soit point le jouet ou la risée, qu'il ne serve pas d'intermédiaire pour des correspondances plus ou moins intimes, qu'il ne soit pas le témoin de paroles ou d'actes de nature à compromettre son innocence et sa moralité, qui le familiariseraient avec le mal et feraient naître ou développeraient en lui de mauvais penchants.

Mais c'est surtout lorsque le maître a comme apprentie une jeune fille que cette surveillance doit être plus sévère, plus étroite, plus constante. Le maître ou sa femme doit entendre les chants ou les conversations des ouvriers ou ouvrières entre elles, surveiller les rapports auxquels peut donner lieu entre les deux sexes le travail de l'atelier, et surtout prendre des mesures pour que l'occasion ne s'en présente que le plus rarement possible. En principe, le maître qui a des fils ne devrait pas pouvoir coucher une apprentie dans sa maison.

Cette surveillance ne doit pas s'exercer seulement dans la maison du maître, mais encore en dehors de chez lui ; toutefois, en dehors de conventions spéciales, la responsabilité du maître diminue et celle des parents augmente. Si l'apprenti ne couche point chez le maître et s'il doit s'y rendre chaque jour et en sortir à des heures déterminées, il appartient aux parents de surveiller leur enfant, et au maître de leur faire connaître les heures d'entrée et de sortie de l'atelier.

Le maître qui s'oblige à nourrir et à entretenir l'apprenti lui doit une nourriture suffisante et saine, un logement convenable, propre et salubre. Il lui doit ce qu'il doit à ses propres enfants, — car l'apprenti n'est pas un domestique, — mais seulement dans la mesure de ses moyens, conformément aux usages des lieux, aux habitudes des gens de sa profession. S'il a l'obligation ou la charge de le vêtir et de le blanchir, le maître devra tenir à sa disposition des vêtements et du linge propres toutes les fois que le besoin s'en fera sentir, en tenant compte des nécessités du métier ; en cas de difficultés, les juges ont un pouvoir souverain d'appréciation.

Si l'enfant est victime d'un accident, dans quelques circonstances qu'il se produise, s'il tombe malade, le devoir du maître est de le soigner d'abord, ensuite d'en informer les parents.

Le maître est-il tenu de garder chez lui l'enfant blessé ou malade ? Oui, s'il ne s'agit que d'une blessure légère ou d'une indisposition passagère ; mais, comme son premier devoir est d'appeler un médecin, quelques jours suffiront à celui-ci pour établir son diagnostic, et si la maladie doit durer un certain temps, s'il n'a pas pris à ce sujet d'obligation formelle, ou si la maladie est contagieuse, nous sommes d'avis que le maître peut renvoyer l'apprenti à ses parents, ou sommer ceux-ci d'avoir à le reprendre, et faute par ces derniers de répondre, le placer dans un hospice, sauf à réclamer ensuite aux parents, dans le cas où l'accident ou la maladie ne peut lui être imputable, les frais qu'il a légitimement avancés.

DE L'ENSEIGNEMENT PROFESSIONNEL

Le maître doit enseigner à l'apprenti progressivement et complètement l'art, le métier ou la profession qui fait l'objet du contrat.

La première des obligations résultant pour le maître du contrat d'apprentissage est l'enseignement de sa profession. Elle s'applique à tous les procédés généralement mis en usage dans cette profession et qui sont dans le domaine public.

Peut-il être tenu d'enseigner à son apprenti des procédés nouveaux ou particuliers à lui, différents de ceux employés dans la pratique ordinaire du métier, si c'est surtout à raison de ces procédés particuliers que les parents ont placé leur enfant chez tel maître, de préférence à tel autre ? MM. Hayem et Périn émettent l'avis que si le contrat d'apprentissage est muet à cet égard, et si les parents n'établissent pas une convention formelle sur ce point, le maître n'est tenu que d'apprendre les procédés ordinaires.

A plus forte raison, l'apprenti ne peut prétendre être initié à des procédés de fabrication pour lequel le maître s'est fait breveter. Ces procédés particuliers peuvent constituer une partie du patrimoine du maître, ils lui appartiennent exclusivement et sortent des pratiques ordinaires de la profession qui, seules, font l'objet de l'apprentissage.

Le maître est-il tenu d'instruire lui-même l'apprenti ? D'une part, la loi est muette sur ce point ; de l'autre, il n'est pas interdit au maître d'avoir plusieurs apprentis ; d'ailleurs sa profession peut exiger qu'il s'absente fréquemment pour diriger ou surveiller des travaux au dehors. Il est donc généralement admis que celui-ci pourra se faire remplacer par un contremaître ou même un ouvrier, mais sous sa responsabilité personnelle.

L'apprenti ne sera employé, sauf conventions contraires, qu'aux travaux et services qui se rattachent à l'exercice de sa profession. Il ne le sera jamais à des travaux insalubres ou au-dessus de ses forces.

Cette prescription de la loi est celle qui donne lieu aussi à de nombreuses difficultés. Il est d'un usage malheureusement trop répandu d'employer l'apprenti — nous parlons des garçons — à des petits travaux, à des occupations ou à des courses complètement étrangères à sa profession. La femme du maître en fait quelquefois un véritable domestique ; c'est ainsi qu'elle l'emploie à balayer, à laver sa maison, faire des courses pour le ménage, etc. Lorsque l'apprenti ne paie pas, les juges peuvent admettre, à la rigueur, que de temps à autre l'apprenti soit appelé à rendre tel ou tel petit service personnel à son maître comme compensation des pertes de marchandises ou de matières que son inexpérience, son inhabileté ou même sa maladresse peuvent lui causer. Lorsque, au contraire, l'apprenti paie, on ne doit pas tolérer qu'il soit occupé à d'autres travaux qu'à ceux de sa profession ou s'y rattachant, si ce n'est dans des occasions exceptionnelles ou au début de l'apprentissage et en tant que l'apprenti le fait volontiers ou s'offre de le faire.

Pour les jeunes filles, les travaux de lavage, balayage, nettoyage auxquels elles sont parfois employées en dehors de leur métier et s'ils ne sont pas au-dessus de leurs forces, présentent un inconvénient moins grave ; ils sont en effet du ressort de la femme et peuvent les habituer à l'ordre et à la propreté ; c'est ainsi qu'on admet généralement que c'est à elles qu'incombe le soin de ranger et nettoyer l'atelier.

Mais il est un usage, dont les conséquences sont bien autrement graves, adopté et admis dans certaines professions telles que couturières, modistes, lingères, blanchisseuses et repasseuses ; c'est celui qui consiste à envoyer l'apprentie chercher la marchandise chez le client ou la lui reporter après le travail de la journée. C'est l'heure de la sortie générale des bureaux, des magasins, des ateliers ; l'apprentie s'en va par les rues, exposée à toutes les rencontres, à toutes les entreprises ; aussi combien n'en voyons-nous pas, dans nos grandes villes industrielles, de ces fillettes de 14 à 15 ans, arrêtées à la fin du jour dans les rues écartées et sombres, ou accompagnées ouvertement par des jeunes gens ; c'est de là que naissent ces liaisons passagères qui bientôt envoient des pauvres fillettes garnir les rangs de la débauche et de la prostitution.

Le préjudice matériel ou moral qui résulte pour l'apprenti de ces habitudes ou de ces usages ne le frappe pas seul ; lorsque, par suite de son silence, par suite même d'une coupable négligence ou indifférence de ses parents, il arrive au terme de son apprentissage, après avoir perdu un temps considérable, l'apprenti souvent ne connaît pas son métier ; au lieu de venir en aide à sa famille, qui pendant plusieurs années s'est privée de ses services ou a fait pour lui des sacrifices, il devient une charge, quelquefois même un fléau. Arrivé à l'âge de l'effervescence, il supporte mal les remontrances paternelles, va d'atelier en atelier sans pouvoir se fixer nulle part, contracte de mauvaises habitudes, quitte le foyer de famille pour vivre dans la misère et dans la débauche.

Les Conseils de Prud'hommes ne sauraient donc se montrer trop sévères dans l'appréciation des faits de cette nature qui leur sont soumis.

L'apprenti ne peut être employé à des travaux insalubres ou au-dessus de ses forces.

La santé de l'enfant est une question dont l'importance et la gravité ne pouvaient échapper au législateur ; il a interdit au maître de faire faire ou d'imposer à l'apprenti un travail insalubre, c'est-à-dire nuisible à sa santé ou au-dessus de ses forces.

Depuis l'âge de 12 ans jusqu'à celui de 14 ans révolus, dit le décret du 13 mai 1875, les enfants ne peuvent être chargés sur la tête ou sur le dos d'un poids supérieur à 10 kilogr. De 14 à 16 ans révolus, ils ne peuvent dans les mêmes conditions recevoir des charges de plus de 15 kilogr.

De 12 à 16 ans, ils ne peuvent traîner des charges exigeant des efforts supérieurs à ceux qui correspondent au poids ci-dessus.

Les enfants au-dessous de 16 ans ne pourront être employés à tourner des roues verticales, utilisées comme producteurs de force motrice, que pendant une durée d'une demi-journée de travail, divisée par un repos d'une demi-heure au moins.

Le décret de 1875 a été abrogé par la loi du 2 novembre 1892 ; mais il peut servir d'indication en cas de contestation sur la force physique des enfants en général.

De même, lorsque l'apprenti a été blessé à l'atelier de son patron dans l'exercice de son travail par une machine dangereuse et par suite du défaut de surveillance du patron qui l'avait chargé de travailler à cette machine, ce dernier lui doit une indemnité.

Le chef d'industrie qui emploie des enfants dans ses ateliers doit prendre certaines mesures précises et déterminées. La loi précitée de 1875 interdisait au patron d'employer les enfants au-dessous de 16 ans au graissage, au nettoyage ou à la réparation des machines ou mécanismes en marche. L'article 14 de la loi du 2 novembre 1892 l'oblige à munir d'appareils protecteurs les courroies, engrenages ou tout autre organe pouvant offrir une cause de danger, de manière que l'approche n'en soit possible que pour les besoins du service. Il ne suffit pas en effet que le travail dont est chargé l'enfant ne soit pas dangereux par lui-même, il faut que dans le milieu où s'exécute le travail, il soit à l'abri de toute cause d'accident produit par le mouvement des machines. Si un organe de transmission, tel qu'une courroie, ne peut pas être suffisamment protégé, s'il n'est pas possible d'en arrêter instantanément la marche, l'apprenti ne doit pas avoir son travail dans le voisinage de cet organe, et alors que le travail en est éloigné, le maître doit lui bien défendre de s'en approcher et veiller à ce qu'il n'enfreigne pas ses ordres. Pour ne pas observer ces règles, il commet une imprudence dont il est responsable.

Pour terminer ce chapitre de l'enseignement professionnel nous ajouterons que les lois et décrets des 31 octobre 1882, 3 novembre 1882, 16 février 1883, 14 mai 1888 et 2 novembre 1892, sur le Travail des Enfants et Filles mineures dans les Manufactures sont applicables aux apprentis.

DES DEVOIRS DE L'APPRENTI

L'apprenti doit à son maître fidélité, obéissance et respect ; il doit l'aider par son travail dans la mesure de son aptitude et de ses forces.

Si, en recevant un apprenti chez lui, le maître contracte des obligations qu'il doit tenir rigoureusement, de son côté, l'apprenti a vis-à-vis de son maître des devoirs à remplir fidèlement.

La fidélité est la première qualité exigée de l'apprenti par la loi ; il doit en faire preuve dans tous ses actes, sans qu'il soit fait aucune distinction dans la nature des services qu'il doit ou peut être appelé à rendre. Il est naturel, en effet, que le maître dont les rapports avec l'apprenti sont constants, intimes même, puisse avoir en lui toute confiance, et que si cette confiance est trahie, la peine doive être sévère. Les infidélités commises par l'apprenti constituent de véritables vols, appelés vols domestiques, et punis de la réclusion par l'article 386 du Code pénal. Si l'infidélité consiste à divulguer les secrets de la fabrication du maître, la peine encourue est celle de l'emprisonnement ou de la réclusion, suivant que la révélation a été faite à un Français ou à un étranger.

S'il n'y a eu que légèreté, incapacité, irréflexion, le maître doit s'en prendre à lui d'avoir trop tôt ou trop légèrement donné sa confiance à l'apprenti.

L'apprenti doit être soumis et respectueux envers son maître. Celui-ci remplace les parents, il a donc droit aux mêmes égards que ces derniers, et sans l'obéissance et le respect, le maître ne peut apprendre son métier à l'apprenti. Il doit l'être vis-à-vis des autres ouvriers de l'atelier, des clients de son maître, des personnes étrangères qui se présentent à l'atelier.

L'article 4 du décret du 3 août 1810 porte que : « *Tout délit tendant à troubler l'ordre et la discipline de l'atelier, tout manquement grave des apprentis envers leur maître pourront être punis par les Prud'hommes d'un emprisonnement qui n'excédera pas trois jours sans préjudice de l'exécution de l'article 19, titre V, de la loi du 22 Germinal an XI et de la concurrence des officiers de police et des tribunaux.*

Ainsi la loi punit tous les actes répréhensibles de l'apprenti, que ces actes aient été commis par paroles, qu'ils consistent en gestes ou en menaces, qu'ils s'adressent au patron, aux ouvriers ou aux étrangers se trouvant dans l'atelier. Les agissements ainsi réprimés sont non seulement ceux qui directement ont provoqué le désordre et le trouble dans l'atelier, mais ceux qui sont de nature à produire ce résultat.

Il est malheureusement des natures rebelles, vicieuses, sur lesquelles les conseils, les bons exemples n'ont aucune influence, qui trouvent toujours le moyen de se soustraire à toute surveillance, contre lesquelles échouent toutes les tentatives ; lors donc que le maître se trouvera en présence de l'un de ces enfants incorrigibles, il aura pour devoir d'en avertir les parents et pourra demander la résiliation du contrat.

DE LA DURÉE DU TRAVAIL JOURNALIER

La loi de 1851 avait limité la durée du travail journalier des apprentis, savoir : à dix heures pour les apprentis âgés de moins de quatorze ans, à douze heures pour ceux âgés de quatorze à seize ans ; elle interdit tout travail de nuit, c'est-à-dire tout travail fait entre neuf heures du soir et cinq heures du matin ; elle interdit également tout travail les dimanches et jours de fête légale, en tolérant toutefois le rangement et le nettoyage de l'atelier l'un de ces jours, en cas de conventions spéciales ou d'usages dûment établis, à la condition toutefois que ce travail ne se prolongera pas au delà de dix heures du matin.

La loi du 2 novembre 1892 a formellement abrogé celle du 19 mai 1874 ; elle règle à nouveau le travail des femmes et des enfants dans les manufactures, et est applicable aux enfants placés en apprentissage et employés dans les établissements visés par l'article Ier.

Elle fixe à douze ans l'âge auquel les enfants munis du certificat d'études primaires peuvent être employés dans les manufactures ; à treize ans pour ceux qui n'en sont pas pourvus. Elle interdit l'admission de tout enfant âgé de moins de treize ans, s'il n'est muni d'un certificat d'aptitude physique délivré gratuitement par un médecin chargé d'un service public désigné par le Préfet ; elle limite à dix heures par jour le travail des enfants âgés de moins de seize ans, fixe à soixante heures par semaine et au maximum onze heures par jour le travail des ouvriers ou ouvrières de seize à dix-huit ans, et à onze heures par jour celui des filles âgées de plus de dix-huit ans ; enfin, elle prescrit dans la journée un ou plusieurs repos dont la durée ne sera pas moindre d'une heure, pendant lequel tout travail sera interdit.

Tout travail de neuf heures du soir à cinq heures du matin est également interdit aux enfants âgés de moins de dix-huit ans et aux filles mineures ; cependant, la loi tolère le travail jusqu'à onze heures du soir pour les filles âgées de plus de dix-huit ans, en faveur de certaines professions, à certaines époques de l'année, pendant une durée qui n'excédera pas soixante jours et à raison de douze heures par jour au maximum.

Enfin, en cas de chômage résultant d'interruption accidentelle ou de force majeure, les interdictions ci-dessus peuvent être levées temporairement et dans des conditions spéciales par l'Inspecteur du Travail. Ce pouvoir donné à l'Inspecteur s'applique également au repos du dimanche et des fêtes légales, alors que dans la loi de 1851, il ne peut y être dérogé que par le Préfet.

Telles sont les principales dispositions de la loi de 1892 sur la durée du travail des enfants.

En l'édictant, le législateur a voulu tenir compte des forces de la nature humaine, empêcher l'exploitation de l'homme par l'homme, atténuer dans les organismes faibles, délicats, traversant la période critique de la transformation physique, les effets délétères d'un air vicié par les gaz, les odeurs d'une usine ou seulement la réunion d'un grand nombre d'individus dans un espace quelquefois trop restreint. Elle est toute d'ordre public et les maîtres doivent l'observer scrupuleusement à l'égard de leurs apprentis.

DE L'INSTRUCTION PRIMAIRE DE L'APPRENTI

L'article 10 de la loi de 1851 accorde à l'apprenti, qui ne sait ni lire, ni écrire, ni compter, deux heures au maximum par jour pour compléter son instruction.

L'article 4 de la loi du 28 mars 1882 rend obligatoire l'instruction primaire des enfants de 6 à 13 ans révolus, et par l'article 7, impose au patron chez qui l'enfant est placé, l'obligation de faire donner à l'enfant l'instruction soit chez lui, soit dans une école publique ou privée, et de faire connaître au Maire quinze jours au moins avant l'époque de la rentrée des classes, la manière dont il entend faire donner cette instruction.

Lorsque l'apprenti n'habite pas chez le maître, l'obligation qui résulte pour lui des deux lois combinées, consiste à laisser à l'enfant le temps prescrit pour son instruction, et le père seul peut être poursuivi en cas d'infraction ; le maître cependant doit veiller à ce que l'enfant se rende à l'école aux heures convenues et avertir les parents des absences dont il se rendrait coupable.

Si au contraire l'apprenti loge chez lui, toutes les obligations du père de famille lui incombent, et il est personnellement responsable des infractions commises.

V

DE LA RUPTURE DU CONTRAT

Le contrat d'apprentissage doit ou peut être rompu ou résolu dans des conditions et pour des causes différentes.

I. Il doit être résolu nécessairement, d'après l'article 15 de la loi du 22 février 1851.

1° *Par la mort du maître ou de l'apprenti ;*

2° *Si l'apprenti ou le maître est appelé au service militaire ;*

3° *Si le maître ou l'apprenti vient à être frappé d'une des condamnations prévues en l'article 6 de la loi de 1851 ;*

4° *Pour les filles mineures, dans le cas de décès de l'épouse ou de toute autre femme de la famille qui dirigeait la maison à l'époque du contrat.*

Les cinq causes de la résolution obligatoire du contrat sont fondées sur la force majeure ou sur des raisons de morale ; le juge est donc dans l'obligation de prononcer la résolution lorsque ces causes se présentent.

Mais cette résolution peut-elle donner lieu à des dommages-intérêts ?

Dans le cas où il n'y a pas eu de prix en argent, toute répétition est impossible.

Mais lorsque l'apprentissage finit par la mort de l'un des contractants, comment doivent se régler les intérêts des survivants et ceux des héritiers du décédé ?

M. Mollot dit qu'à Paris, et MM. Hayem et Périn émettent le même avis, on considère généralement le décès du maître et de l'apprenti comme un cas de force majeure dont la chance est aléatoire pour les deux parties, et que par conséquent le survivant n'a aucune action contre la succession du décédé, soit en répétition du prix en argent, payé en totalité ou en partie, soit en indemnité à raison de l'enseignement, de la nourriture et du logement fournis.

Nous ne saurions admettre complètement cette manière de voir. Il peut arriver en effet que l'apprenti qui ne paie pas une somme d'argent, meure avant d'avoir pu dédommager, par son travail, le maître de ses soins et de ses peines, ou tout au moins de sa nourriture, du logement et de son entretien.

Les premiers temps de l'apprentissage sont les plus difficiles pour le maître ; non seulement il ne reçoit aucun service de l'apprenti, mais celui-ci a pu détériorer de la marchandise et des matières, et le préjudice qui peut en résulter pour le patron, en admettant qu'il soit un des risques du contrat lui-même, ne peut être compensé que par les services que l'apprenti pouvait rendre ultérieurement.

De même lorsque le prix a été payé en totalité ou en partie les héritiers de l'apprenti peuvent demander au maître la restitution d'une partie de ce prix, et, si le prix n'a point été payé, les héritiers du maître peuvent demander à l'apprenti le paiement de ce prix proportionnellement au temps et aux soins donnés.

C'est du reste l'avis de M. Mollot ; il est basé sur ce principe d'équité que l'une des parties ne peut s'enrichir aux dépens de l'autre.

Si l'apprentissage est résolu par suite d'une condamnation encourue par le maître, ce dernier peut être l'objet d'une action en dommages-intérêts, parce que la résolution est imputable au maître seul.

Il en est de même si une des condamnations prévues en l'article 6 § 3 a frappé l'apprenti.

II. Le contrat peut être résolu dans les hypothèses suivantes :

Une cause de résolution importante et qu'il faut signaler surtout à cause de son caractère exceptionnel est celle prévue par l'article 14 de la loi de 1851, cet article dispose :

« *Les deux premiers mois de l'apprentissage sont considérés comme un temps d'essai pendant lequel le contrat peut être annulé par la seule volonté de l'une des parties. A moins de convention expresse, il n'y aura indemnité ni de part ni d'autre.* »

Cette disposition est basée sur l'intérêt commun des parties, elle leur permet de se connaître mutuellement, d'étudier leurs caractères, elle permet également de connaître les forces physiques, le goût et les aptitudes de l'apprenti pour la profession.

Et il serait à désirer qu'elle soit appliquée ou mise en pratique pour une durée plus ou moins restreinte à tous les contrats de louage d'ouvrage.

Les difficultés sont en effet très nombreuses qui viennent devant les Conseils de Prud'hommes et qui ont pour cause le défaut d'entente complète sur les conditions, les prix et les heures de travail et sur le travail lui-même, sur la connaissance plus ou moins réelle des règlements particuliers d'ateliers, sur la capacité même de l'ouvrier engagé ; *notre longue pratique des affaires qui viennent devant les Prud'hommes nous permet de penser qu'un temps d'essai obligatoire supprimerait de nombreux conflits, et* A L'HEURE OU UNE LOI SUR LES PRUD'HOMMES EST EN PRÉPARATION DEVANT LES CHAMBRES, NOUS VOUDRIONS POUVOIR APPELER L'ATTENTION DE NOS LÉGISLATEURS SUR UN POINT QUI, A NOTRE AVIS, RENDRAIT DE RÉELS SERVICES A L'INDUSTRIE.

Nous demandons pardon au lecteur de cette digression et nous revenons à notre sujet.

III. Le contrat d'apprentissage *peut* être résolu par décision de justice, sur la demande des parties ou de l'une d'elles.

1° Dans le cas de manquement aux conditions du contrat : 2° Dans le cas d'infraction grave ou habituelle aux prescriptions de la présente loi ; 3° Dans le cas d'inconduite habituelle de l'apprenti ; 4° Si le maître transporte sa résidence dans une commune autre que celle qu'il habitait lors de la convention. Néanmoins la demande en résolution fondée sur ce motif devra être formée dans les trois mois, à compter du jour où le maître aura changé sa résidence ; 5° Si le maître ou l'apprenti encourait une condamnation emportant emprisonnement de plus d'un mois ; 6° Dans le cas où l'apprenti viendrait à contracter mariage. Enfin, le temps convenu pour l'apprentissage peut être réduit ou le contrat résolu s'il dépasse le maximum de la durée consacrée par l'usage. (Article 16 et 17.)

Donc le contrat d'apprentissage ne peut être résolu judiciairement que pour des fautes graves.

La question s'est posée de savoir si la résolution pouvait être prononcée parce que l'enseignement donné par le maître serait insuffisant ou que l'apprenti n'aurait pas acquis une somme de connaissances en proportion du temps qu'il a passé chez le maître ; c'est un des cas prévus par le paragraphe 1 de l'article 16.

Mais cette question est assez délicate et même complexe. Le maître doit être juge de la façon dont il enseigne son métier à l'apprenti, il n'est pas tenu de lui confier des matières dont la perte due à l'inhabileté de l'apprenti pourrait lui être préjudiciable. Il a tout intérêt à ce que l'apprenti acquière les connaissances qui lui permettent de rendre des services et il suffit qu'à la fin de l'apprentissage l'apprenti soit capable de se placer comme ouvrier et de gagner un salaire proportionné à la durée de son apprentissage. En cas de contestation, des Prud'hommes, à défaut d'autres personnes exerçant le même métier, pourraient soumettre l'apprenti à un examen professionnel qui les éclairerait sur ses connaissances, étant admis que l'apprenti y mettra la plus entière bonne foi et exécutera consciencieusement ce qui lui sera demandé.

Les mauvais traitements du maître contre l'apprenti sont une cause de résolution du contrat (art. 16, § 2). On ne saurait tolérer en effet que le maître puisse réprimer de cette façon les fautes graves de l'apprenti ou son insoumission. Il appartient en ce cas au maître d'avertir les parents ou représentants de l'enfant et de demander lui-même la résolution du contrat contre ce dernier.

Aussi il a été jugé qu'un acte de brutalité de la part du maître, ayant eu pour conséquence une blessure grave, comme la perte d'un œil, entraînerait la résolution du contrat avec dommages-intérêts et qu'en outre les Prud'hommes devaient informer le Procureur de la République des faits relevés contre le maître. Si cependant il est établi que les voies de fait auxquelles se serait livré le maître et si elles n'ont pas eu de conséquences graves, ont été motivées de la part de l'apprenti par des manquements sérieux et répétés au respect qu'il doit à son maître, par la désobéissance formelle, des insultes fréquentes, le contrat pourra être résolu sans indemnité pour le maître.

Le contrat pourra être résolu contre le maître s'il ne fournit à l'apprenti qu'une nourriture malsaine ou insuffisante, si le logement qu'il lui donne est malpropre ou insalubre ; si son entretien n'est pas conforme aux règles de l'hygiène, de la propreté et de la décence ; s'il emploie l'apprenti à des courses, à des occupations ou à des travaux de ménage et lui fait perdre une grande partie du temps consacré au travail professionnel, s'il lui fait habituellement porter ou traîner des charges au-dessus de ses forces, s'il le fait travailler en dehors des heures fixées par la loi, s'il ne surveille pas sa conduite ou ses mœurs ou n'en avertit pas les parents, s'il tient en sa présence des propos inconvenants ou s'il se livre en sa présence à des actes indécents, s'il l'excite ou le livre à la débauche, le tout sans préjudice de l'indemnité qui pourra être due à l'apprenti pour le tort matériel ou moral que pourront lui causer la résolution du contrat et les faits qui l'auront provoquée.

La résolution du contrat peut être prononcée contre l'apprenti (art. 16) : lorsque le prix stipulé pour l'apprentissage n'a pas été payé par l'apprenti ou son représentant aux époques convenues ; lorsque le maître a lieu de se plaindre de l'inconduite habituelle de l'apprenti, de son indocilité, de son mauvais caractère ou de sa mauvaise volonté et de ses négligences calculées pour se faire renvoyer ; si l'apprenti injurie son maître en le diffamant ; lorsque par des propos inconvenants ou grossiers, sa tenue indécente, il peut être la cause ou l'objet d'un scandale dans l'atelier ; s'il vient à déserter l'atelier ou se permet des absences réitérées et prolongées sans cause légitime, le tout, également sans préjudice de l'indemnité qui peut être allouée au maître comme réparation du préjudice que lui cause la rupture du contrat.

Toutes ces causes de résolution du contrat, qu'elles émanent du maître ou de l'apprenti, doivent être justifiées par celui qui les invoque ; leur gravité, comme aussi les dommages-intérêts à allouer, sont laissés à l'appréciation des juges qui devront tenir compte du degré d'éducation de l'apprenti, de la nature de la profession, de la durée des services accomplis, et de ces différences particulières qui se rencontrent dans chaque cause, et qui font que si beaucoup d'entre elles se ressemblent au fond, elles diffèrent essentiellement l'une de l'autre par les détails, et ne permettent pas d'établir des règles fixes.

La résolution du contrat peut être prononcée encore aux torts de l'apprenti en raison de son incapacité, mais dans ce cas il n'est pas admis que le maître ait droit à des dommages-intérêts. C'est qu'en effet le maître a eu un délai de deux mois pour juger de l'intelligence de l'apprenti, il ne peut arguer de sa bonne volonté ou même de sa mansuétude, ni même des sacrifices de temps qu'il a pu faire après l'expiration du délai légal ; le maître a l'habitude d'avoir des individus sous ses ordres, il doit pouvoir les juger en peu de temps, et le délai légal paraît largement suffisant ; on peut lui savoir gré de sa patience et de ses efforts sans aller au delà.

Par contre, il a été jugé que l'apprenti ne pouvait former une demande en résolution de contrat sous le prétexte qu'il aurait pris en dégoût le métier de son maître, alors que le délai d'essai était expiré depuis un certain temps, et qu'en cas de rupture du contrat de la part de l'apprenti, le maître était fondé à demander des dommages-intérêts.

Mais lorsqu'une indemnité a été stipulée par les parties pour rupture prématurée du contrat les juges peuvent-ils la réduire ? L'article 1134 du Code civil porte que les conventions légalement formées tiennent lieu de loi à ceux qui les ont faites. La loi de 1851 n'a interdit aucune convention de ce genre ; le contrat d'apprentissage est un véritable contrat de louage de travail, et nous pensons que les Tribunaux ne peuvent pas réduire l'indemnité fixée par une clause pénale.

Enfin la rupture du contrat peut être prononcée lorsque le maître, sans motifs légitimes, refuse de recevoir l'apprenti, comme lorsque celui-ci se refuse aussi sans motifs à continuer son apprentissage ; dans les deux cas celle des parties qui rompt le contrat est passible de dommages-intérêts.

Lors de la résolution du contrat faite à l'amiable ou prononcée en justice, le maître a-t-il le droit de retenir les effets mobiliers par lui donnés à l'apprenti ?

Nous ne le pensons pas. L'obligation d'habiller l'apprenti résultant du contrat, les effets donnés à ce dernier deviennent sa propriété par le fait de l'inexécution de l'obligation ; mais si la résolution est prononcée de son fait, il peut être tenu compte de la nature de ces effets dans l'évaluation de l'indemnité à allouer au maître.

Quant à l'article 17, il prévoit un cas possible de résolution du contrat ou de limitation de la durée sur lequel nous nous sommes expliqué au chapitre « De la durée du contrat ».

Nous ne nous étendrons pas sur les motifs de résiliation donnés par les paragraphes 5 et 6 de l'article 15 de la loi de 1851. La nature de ces motifs est par elle-même une explication suffisante.

VI

DE L'EXPIRATION NATURELLE DU CONTRAT

Le contrat d'apprentissage prend fin naturellement par l'expiration du temps fixé pour sa durée. Cependant il peut être prolongé, lorsque conformément à l'article 11 de la loi de 1851, l'apprenti doit remplacer le temps perdu par suite d'absences, de maladies, ou pour toute autre cause de son fait. Ainsi il a été jugé qu'appelé à faire un service militaire, l'apprenti peut invoquer la rupture du contrat, mais que si, à son retour, il reprend l'apprentissage, il est tenu de remplacer par un supplément de travail le temps qu'il a perdu.

Le contrat d'apprentissage finit par le consentement mutuel des parties avec ou sans dommages-intérêts ; mais lorsque c'est un tiers qui a stipulé en faveur de l'apprenti ou qui a payé le prix de l'apprentissage, si le contrat est rompu sans son intervention entre le maître et l'apprenti, ce tiers peut demander au maître la restitution de tout ou partie du prix avancé, mais il ne peut non plus résoudre le contrat avec le maître sans le consentement de l'apprenti ou de son représentant légal. (Hayem et Périn.)

VII

DÉTOURNEMENT DE L'APPRENTI. — RESPONSABILITÉ DU NOUVEAU MAITRE

Le congé d'acquit du tissage ou certificat constatant l'exécution du contrat est une des garanties données au maître contre le détournement dont l'apprenti peut être l'objet ou contre le désir que pourrait avoir l'apprenti de s'engager chez un autre maître pour gagner davantage.

Tout fabricant, dit l'article 13, chef d'atelier ou ouvrier convaincu

d'avoir détourné un apprenti de chez un maître pour l'employer en
qualité d'apprenti ou d'ouvrier pourra être passible de tout ou partie de
l'indemnité à prononcer au profit du maître abandonné.

Cette responsabilité du maître qui reçoit un apprenti contre lequel le
contrat a été résolu a été fortement étendue par les Conseils de Prud'hommes de la Seine et de Lyon. Ces tribunaux ont jugé : 1° Que si le
père de l'apprenti a été condamné à payer au patron une indemnité, et si
malgré notification du jugement, un second patron a reçu l'apprenti chez
lui et a persisté à le conserver, ce second patron a encouru la responsabilité
prévue par l'article 13 et doit être condamné à payer au précédent patron
la somme formant le montant des condamnations prononcées contre le
père de l'apprenti ; 2° Que dans le même cas, les Prud'hommes pourront
ordonner qu'il ne sera pas remis de livret à l'apprenti, que celui-ci ne
pourra pas se replacer en cette qualité, que tout autre patron qui
l'emploierait, même comme ouvrier, serait responsable et passible de
l'indemnité.

Ces mesures nous semblent rigoureuses, et bien qu'elles s'appuient
sur cette considération que l'apprentissage est d'ordre public, elles nous
paraissent porter atteinte à la liberté des personnes et de l'industrie ; et
avec M. Mollot nous pensons que tout ce que le premier maître est fondé
à demander et à obtenir, ce sont des dommages-intérêts, soit contre l'apprenti, soit contre le second maître qui l'emploierait en connaissance de
cause ; et que ce second patron justifiant de sa bonne foi, et renvoyant
l'apprenti dès qu'il connaît les faits, doit être déclaré complètement
indemne.

Mais le maître qui a reçu un apprenti sans certificat d'acquit, et facilite
ainsi sa sortie de chez un autre maître, doit être déclaré solidairement
avec le père de l'apprenti, passible de l'indemnité due pour rupture du
contrat. La responsabilité du nouveau maître est engagée dès que sa
mauvaise foi est prouvée.

VIII

COMPÉTENCE

Ainsi que nous l'avons dit au début de cette étude, toute demande
à fin d'exécution ou de résolution de contrat sera portée devant le Conseil
de Prud'hommes dont le maître est justiciable (art. 18), et à défaut devant
les juges de paix dans les cantons qui ne ressortissent point à la juridiction des Prud'hommes, mais seulement pour les professions placées
sous leur juridiction ; les Conseils de Prud'hommes étant des tribunaux

d'exception, leur compétence est exclusivement limitée par le Décret d'Institution.

Mais si les juges de paix sont incompétents pour connaître des contestations que peut faire naître l'exécution du contrat d'apprentissage dans les cantons où il existe un Conseil de Prud'hommes, cette incompétence est si peu fondée sur la nature du litige que les lois même qui attribuent au Conseil de Prud'hommes la connaissance de ces contestations la laissent aux juges de paix dans les cantons où cette juridiction n'existe pas.

L'incompétence du juge de paix en cette matière n'est donc pas absolue, d'ordre public, elle n'est que relative et doit être proposée par les parties *in limine litis* (Cass. ch. req. 28 mai 1894).

Au point de vue de la compétence territoriale, en quelque lieu que réside l'apprenti, la juridiction sera déterminée par le lieu de la situation de la manufacture ou de l'atelier où sera employé l'apprenti.

Les actions dirigées contre des tiers en conformité de l'article 13 de la présente loi peuvent être portées soit devant les Conseils de Prud'hommes, soit devant les juges de paix, à la volonté des parties (art. 18, § 2).

IX

PROCÉDURE

Aux termes de l'article 46 du décret du 11 juin 1809, les Prud'hommes sont autorisés à se transporter dans les manufactures ou ateliers pour apprécier, par leurs propres yeux, la véracité des faits qui auraient été allégués.

On peut donc en conclure avec M. Mollot que dans les différends entre maîtres et apprentis, ils peuvent se transporter chez le maître, vérifier l'état du logement de l'apprenti, la qualité des aliments et la nature du travail auquel il est soumis.

Ils peuvent également, dans une contestation, ordonner une mesure provisoire et charger un Prud'homme de surveiller l'exécution de cette mesure.

X

JURIDICTION RÉPRESSIVE

Les Conseils de Prud'hommes sont investis d'un pouvoir répressif par l'article 4 du décret du 3 août 1810, ainsi conçu : *Tout délit tendant à*

troubler l'ordre et la discipline de l'atelier, tout manquement grave des
apprentis envers leurs maîtres pourront être punis par les Prud'hommes
d'un emprisonnement qui n'excédera pas trois jours, sans préjudice de l'ar-
ticle 19, titre V, de la loi du 22 Germinal an XI, et de la concurrence des
officiers de police et des tribunaux.

Le manquement grave doit s'entendre de tout fait de l'apprenti impliquant de sa part une conduite sérieusement reprochable, comme les
disputes violentes, l'insubordination, les menaces, les paroles grossières,
les injures.

Mais les Conseils de Prud'hommes ne paraissent avoir le droit de se
saisir d'office des contraventions, même dans le cas de flagrant délit de
trouble grave dans l'atelier ; les fonctions du ministère public n'existent
pas pour eux, ils ne peuvent donc statuer que sur la plainte du
maître.

Si le débat est de nature à occasionner du scandale, ils peuvent comme
tous les autres tribunaux ordonner le huis-clos.

Le jugement prononcé, le Président du Conseil doit en adresser une
expédition au Procureur de la République sans attendre la demande de la
partie plaignante, même si le jugement est rendu par défaut ; mais, dans ce
cas, l'apprenti condamné est recevable à former opposition dans les trois
jours de la signification.

La condamnation prononcée par les Prud'hommes ne saurait faire
obstacle aux poursuites que le Ministère public croirait devoir exercer
devant les tribunaux ordinaires de répression ; mais, selon MM. Hayem et
Périn, l'action publique exercée la première arrêterait et absorberait la
juridiction disciplinaire des Prud'hommes à raison de la nature de
la peine.

Les Prud'hommes ne peuvent être saisis que des faits qui intéressent
l'ordre et la discipline de l'atelier ; les délits ou contraventions commis par
les apprentis sans porter atteinte à cette discipline relèveraient des tribunaux ordinaires ; de même les Prud'hommes seraient incompétents pour
statuer sur un délit commis dans un atelier ou une usine qui par sa
nature ou sa situation ne ressortirait pas à leur juridiction ; mais conformément à l'article 10 de la loi de 1806, il constatera l'existence du délit
dans le jugement de renvoi.

La compétence des tribunaux pour statuer en dernier ressort est limi-
tativement déterminée pour chacun d'eux ; l'appel est de droit commun,
les jugements des Prud'hommes en matière répressive, en présence du
silence de la loi de 1810 sur ce point, peuvent être attaqués par la voie de
l'appel comme les jugements de simple police, qui prononcent la peine de
l'emprisonnement.

Cet appel sera porté devant le tribunal correctionnel dans la juridiction duquel le Conseil a son siège ; il suspendra l'exécution du jugement des Prud'hommes.

Enfin, les articles 20, 21 et 22 de la loi de 1851 sont relatifs aux poursuites exercées par le Ministère public devant les tribunaux de simple police contre les parties qui contreviennent aux articles 4, 5, 6, 9 et 10 de cette loi, mais les dispositions qu'ils contiennent ayant un caractère exclusivement pénal, leur examen ne rentre pas dans le cadre de cette étude.

On voit par les éléments qui constituent le contrat d'apprentissage que, dans un grand nombre de cas, les Prud'hommes sont investis d'un pouvoir discrétionnaire très grand ; ils ne devront en user qu'avec la plus grande circonspection et se souvenir que la conciliation est la base de leur institution.

DU LOUAGE DE TRAVAIL

Le Louage d'ouvrage ou Louage de travail, porte l'article 1710, *est un contrat par lequel l'une des parties s'engage à faire quelque chose pour l'autre moyennant un prix convenu entre elles.*

Il peut être fait pour une entreprise déterminée ou pour un temps fixé à l'avance, dans ce cas il finit naturellement avec l'entreprise ou avec le temps pour lesquels il a été passé ; il peut être fait également pour des travaux successifs non prévus ou fixés à l'avance et pour un temps non limité.

Ce contrat est consensuel, synallagmatique, commutatif et à titre onéreux, et il nécessite le concours de quatre conditions essentielles (art. 1108, C. C.).

1° LE CONSENTEMENT DES PARTIES. — Le consentement est exprès ou tacite : exprès lorsqu'il est manifesté de vive voix ou par écrit ; tacite, lorsqu'il résulte des actions, des faits ou même du silence ; dans tous les cas il doit être libre et réfléchi ; enfin il peut être vicié par l'erreur, la violence, le dol ou la lésion dans certains cas (art. 1109-1122, C. C.).

2° LA CAPACITÉ DE CONTRACTER. — Toutes personnes majeures et jouissant de leurs droits civils sont capables pour passer un contrat, les incapables sont les femmes mariées non autorisées de leur mari, les mineurs, les interdits (art. 1123-1125, C. C.).

3° UN OBJET CERTAIN QUI FORME LA MATIÈRE DE L'ENGAGEMENT. — La loi veut faire entendre ici que l'objet de l'engagement, ce qu'on est obligé de faire, doit être certain, qu'il puisse être facilement déterminé, et qu'on puisse être contraint de le faire (art. 1126 à 1129, C. C.).

4° LA CAUSE. — Elle doit être licite et possible ; mais l'impuissance personnelle à l'un des contractants n'est pas une cause de nécessité ; elle peut donner lieu à la résolution avec dommages-intérêts (art. 1131-1135, C. C.).

De ce fait que le louage de travail est un contrat, il est régi par les principes de droit commun sur les conventions, les obligations, la résiliation, les dommages-intérêts, les cas fortuits ou de force majeure (art. 1107, C. C.).

Nous allons les passer rapidement en revue.

DES CONVENTIONS

« *Les conventions légalement formées tiennent lieu de loi à ceux qui* » *les ont faites.*

» *Elles ne peuvent être révoquées que de leur consentement mutuel,* » *ou pour les causes que la loi autorise ; elles doivent être exécutées de* » *bonne foi* (art. 1134, C. C.).

» *Les conventions obligent non seulement à ce qui y est exprimé,* » *mais encore à toutes les suites que l'équité, l'usage ou la loi donnent à* » *l'obligation d'après sa nature* » (art. 1135, C. C.).

En érigeant les conventions en lois, le législateur a voulu faire entendre que les contractants doivent les observer aussi scrupuleusement que les lois elles-mêmes ; mais si l'effet de ces conventions se limite à ceux qui y ont été parties, elles doivent, en principe, recevoir à leur égard une pleine application. Les tribunaux peuvent intervenir pour les faire respecter tout comme s'il s'agissait d'une loi.

Parfois la loi s'oppose à l'exécution d'une convention légalement formée et le plus souvent pour cause d'ordre public ; ainsi, nous verrons plus loin, lors de l'examen de la loi du 27 décembre 1890, que le principe posé par l'article 1134 du Code civil est mis en échec si la convention a pour objet la renonciation aux dommages-intérêts légitimés par le préjudice résultant de la brusque rupture du contrat.

« On doit, dans les conventions, rechercher quelle a été la commune » intention des parties, plutôt que de s'arrêter au sens littéral des termes » (art. 1156, C. C.).

» Les termes susceptibles de deux sens doivent être pris dans celui » qui convient le mieux à la nature du contrat (art. 1158, C. C.).

» Ce qui est ambigu s'interprète par ce qui est d'usage dans le pays » où le contrat est passé (art. 1159, C. C.).

» Les conventions n'ont d'effet qu'entre les parties contractantes, » elles ne nuisent point aux tiers, et elles ne lui profitent que dans le cas » prévu par l'article 1121 » (art. 1165, C. C.).

DES OBLIGATIONS

« Toute obligation de faire ou de ne pas faire se résout en dom-
» mages-intérêts en cas d'inexécution de la partdu débiteur » (art.
1142, C. C.).

Il n'est pas loisible au débiteur de s'affranchir de l'obligation qu'il a
contractée en offrant une indemnité au créancier : si l'obligation consiste
à faire le créancier peut obtenir l'autorisation de la faire exécuter lui-
même aux dépens du débiteur ; si l'obligation consiste à ne pas faire, il
peut exiger que ce qui aurait été fait par contravention à l'engagement
soit détruit, et demander des dommages-intérêts (art. 1143 et 1144
combinés).

Observons toutefois que si le débiteur doit *faire* et si l'engagement
devient impossible en dehors de son fait, et de toute responsabilité de sa
part, l'obligation qu'il a contractée s'éteint : c'est le cas fortuit de force
majeure.

DES DOMMAGES-INTÉRÊTS

On entend par dommages-intérêts l'indemnité stipulée ou accordée à
raison d'une perte subie ou du gain qui n'a pu être réalisé.

Pour qu'un débiteur soit condamné à des dommages-intérêts,
il faut :

1° Que l'inexécution de l'obligation lui soit imputable, c'est-à-dire
qu'elle provienne de sa faute ou de son fait. Il y a faute lorsqu'il a eu
l'intention de nuire, ou qu'il a manqué à ses engagements par négligence,
imprudence ou impéritie ; il y a fait, lorsque le débiteur n'a pas d'excuse
légitime ; et il n'est excusable qu'autant que l'inexécution provient d'une
cause étrangère qui ne lui est pas imputable ; et dans ce cas, c'est à lui
de fournir la preuve de l'existence de cette cause.

2° Que le débiteur ait été mis en demeure d'exécuter la convention.

3° Que le créancier ait éprouvé un préjudice, et il doit en rapporter
la preuve.

Lorsque les dommages-intérêts n'ont pas été fixés par la convention,
c'est au juge qu'il appartient d'en faire l'évaluation, laquelle sera basée
sur : 1° Le fait qui a donné lieu à la demande : 2° La perte subie et le
gain qui n'a pu être réalisé (art. 1149 à 1151, C. C.).

*Il n'y a lieu à aucuns dommages-intérêts lorsque par suite de force
majeure ou de cas fortuit, le débiteur a été empêché de donner ou de*

faire ce à quoi il était obligé ou a fait ce qui lui était interdit (art. 1148, C. C.).

On appelle force majeure tout événement extraordinaire auquel il faut nécessairement se soumettre; qu'il provienne d'une force physique naturelle ou du fait de l'homme.

Si les dommages-intérêts ont été fixés par la convention, le débiteur ne peut être tenu que de la somme fixée lorsque ce n'est pas par son dol que la clause a été exécutée, et même dans le cas de dol, les dommages-intérêts ne doivent comprendre que ce qui est une suite *immédiate et directe* de l'inexécution de la convention (art. 1151-1152, C. C. combinés).

« *Lorsque la convention porte que celui qui manquera de l'exé-* » *cuter paiera une certaine somme à titre de dommages-intérêts,* » *il ne peut être alloué à l'autre une somme plus forte ni moindre* » (art. 1152, C. C.).

Nous verrons plus loin, à propos des règlements d'atelier et des malfaçons s'il n'y a pas lieu, dans la pratique, d'apporter quelque tempérament à la rigueur de la loi, et si la loi du 27 décembre 1890 n'a pas dérogé à cet article 1152.

DES CONDITIONS

Toute condition de faire une chose impossible ou contraire aux bonnes mœurs ou prohibée par la loi, est nulle et rend nulle la convention qui en dépend.

« *Toute condition doit être accomplie de la manière que les* » *parties ont vraisemblablement voulu et entendu qu'elle le fût* » (art. 1175, C. C.).

Comme nous l'avons dit plus haut, il y a lieu de rechercher la commune intention des parties plutôt que de s'attacher aux termes du contrat.

La condition est réputée accomplie, lorsque c'est le débiteur obligé sous cette condition qui en a empêché l'accomplissement (art. 1178, C. C.).

La bonne foi doit régner dans les contrats; et le fait qui a empêché l'accomplissement d'une condition doit constituer une faute et non l'exercice d'un droit. Si par exemple un entrepreneur promet une certaine somme à un ouvrier, s'il construit un mur dans un délai déterminé, et si, peu de temps avant l'expiration du délai, pour avoir démoli furtivement une partie du mur ou enlevé des matériaux le mur n'est pas terminé, la condition sera réputée accomplie, parce que l'entrepreneur en aura empêché l'accomplissement sans droit et par sa faute. Si au contraire, pendant l'exécution des travaux, l'ouvrier commet des fautes graves, et si l'entrepreneur se trouve dans l'obligation de le renvoyer, la condition n'est pas réputée accomplie, car si c'est le fait de l'entrepreneur, ce fait ne résulte pas d'une faute, mais de l'exercice d'un droit.

« *La condition accomplie a un effet rétroactif au jour auquel l'engagement a été contracté* » (art. 1179. C. C.).

Dès lors que la condition est réalisée, les choses se passent comme si le contrat avait été pur et simple, il produit tous ses effets, non seulement pour l'avenir mais dans le passé, du jour où il a été formé.

Le créancier peut, avant que la condition soit accomplie, exercer tous les actes conservatoires de son droit.

« *L'obligation contractée sous une condition suspensive est celle qui* » *dépend, ou d'un événement futur et incertain, ou d'un événement* » *actuellement arrivé, mais encore inconnu des parties.*

» *Dans le premier cas l'obligation ne peut être exécutée qu'après* » *l'événement.*

» *Dans le second cas l'obligation a son effet du jour où elle a été* contractée (art. 1181, C. C.).

» *Lorsque l'obligation a été contractée sous une condition suspensive,* » *la chose qui fait la matière de la convention demeure aux risques du* » *débiteur qui ne s'est engagé à la livrer que dans le cas de l'événement* » *de la condition.*

» *Si la chose est entièrement périe sans la faute du débiteur, l'o-* » *bligation est éteinte.*

» *Si la chose s'est détériorée sans la faute du débiteur, le créancier* » *a le droit, ou de résoudre l'obligation, ou d'exiger la chose dans* » *l'état où elle se trouve sans diminution du prix.*

» *Si la chose s'est détériorée par la faute du débiteur, le créancier* » *a le droit de résoudre l'obligation ou d'exiger la chose dans l'état* » *où elle se trouve, avec des dommages-intérêts* (art. 1182, C. C.).

» *La condition résolutoire est celle qui, lorsqu'elle s'accomplit, opère* » *la révocation de l'obligation et qui remet les choses au même état que* » *si elle n'avait pas existé.*

» *Elle ne comprend point l'exécution de l'obligation; elle oblige* » *seulement le créancier à restituer ce qu'il a reçu dans le cas où* » *l'événement prévu par la condition arrive* » (art. 1183, C. C.).

La condition résolutoire tient en suspens, non les effets du contrat, mais leur révocation. Le contrat fait sous condition résolutoire, produit tous ses effets dès qu'il est formé. Si la condition prévue se réalise, le contrat est révoqué rétroactivement, il est censé n'avoir jamais existé.

Tout contrat synallagmatique renferme tacitement une condition résolutoire ; la loi suppose qu'il a été entendu entre les parties que si l'une d'elles n'exécute pas son obligation, l'autre ne doit pas demeurer obligée.

Cependant comme il ne peut dépendre de l'un des contractants de résoudre le contrat en se dispensant de l'exécuter, l'autre a le choix d'exiger que la convention soit exécutée si cela est possible, ou la résolution avec dommages-intérêts.

Mais cette résolution n'a pas lieu de plein droit : le défaut d'exécution de l'obligation par l'un des contractants peut être dû à sa mauvaise volonté ou à sa mauvaise foi ; mais il peut l'être aussi par quelque circonstance malheureuse indépendante de sa volonté ; le créancier doit s'adresser à la justice et, dans ce cas, le juge peut faciliter au débiteur l'exécution de son obligation en augmentant les délais que lui avait impartis le contrat, sans toutefois que cette prorogation de délai soit préjudiciable à l'autre contractant.

DU DOMMAGE CAUSÉ

« *Tout fait quelconque de l'homme qui cause à autrui un dommage* » *oblige celui par la faute duquel il est arrivé à le réparer* (art. » 1382, C. C.).

» *Chacun est responsable du dommage qu'il a causé non seulement* » *par son fait, mais encore par sa négligence ou son imprudence* (art. » 1183, C. C.).

» *On est responsable non seulement du dommage que l'on cause par* » *son propre fait, mais encore de celui qui est causé par le fait des* » *personnes dont on doit répondre ou des choses que l'on a sous* » *sa garde* » (art. 1384, C. C.).

Tels sont les principaux articles du Code civil qui régissent tous les contrats et s'appliquent également au contrat de Louage de travail, au sujet duquel le législateur s'est montré très laconique.

La loi prévoit trois cas de louage d'ouvrage ou d'industrie.

» 1° *Le louage des gens de travail qui s'engagent au service de* » *quelqu'un.*

» 2° Celui des voituriers tant par terre que par eau qui se chargent » du transport des personnes ou des marchandises.

» 3° *Celui des Entrepreneurs d'ouvrage par suite des devis et* » *marchés* » (art. 1179, C. C.).

Nous nous occuperons spécialement dans le chapitre suivant du premier et du troisième cas; et nous laisserons le deuxième qui reste étranger à la juridiction des Prud'hommes.

Il nous a paru d'autant plus utile de rappeler les principes juridiques qui découlent des articles du Code en matière de conventions, que le contrat de travail n'a pas fait l'objet de dispositions légales claires et précises. La loi du 27 décembre 1890, dont nous allons aborder l'étude, est venue apporter aux règles du droit commun des exceptions sur la portée desquelles la doctrine et la jurisprudence ne sont pas encore entièrement d'accord.

Nous estimons qu'il appartient aux Conseils de Prud'hommes d'apporter une utile contribution à une fixation aussi grave de la législation ouvrière en rappelant que leur composition et leur mission de conciliation sont de nature à mener à bien la solution de ces difficultés qui sont l'une des faces de la question sociale.

LA LOI DU 27 DÉCEMBRE 1890

LES DÉLAIS DE PRÉVENANCE ET LA RUPTURE DU CONTRAT. — LES RÈGLEMENTS D'ATELIER. — LE DÉLAI D'ESSAI. — LE MARCHANDAGE. — DE CERTAINS PRÉJUGÉS AU SUJET DE LA RUPTURE DU CONTRAT, DES MALFAÇONS, DES RESPONSABILITÉS ET DE LEUR RAPPORT AVEC LA RUPTURE DU CONTRAT.

La loi du 27 décembre 1890, modifiant et complétant l'article 1780 du Code civil, a édicté que :

» Le louage de services, fait sans détermination de durée, peut toujours » cesser par la volonté d'une des parties contractantes.

» Néanmoins la résiliation du contrat, par la volonté d'un seul des » contractants, peut donner lieu à des dommages-intérêts.

» Les tribunaux, pour la fixation de l'indemnité à allouer, le cas » échéant, doivent tenir compte des usages, de la nature des services » engagés, du temps écoulé, etc., et en général de toutes les circonstances » qui peuvent justifier l'existence et déterminer l'étendue du préjudice » causé.

» Les parties ne peuvent renoncer à l'avance au droit éventuel de » demander des dommages-intérêts en vertu des dispositions ci-dessus. »

L'ancien article 1780 disposait : qu'on ne peut engager ses services qu'à temps ou pour une entreprise déterminée ; la loi nouvelle le complète expressément, en disant que le louage de services fait sans détermination de durée peut toujours cesser par la volonté de l'une des parties contractantes.

Il ne peut en effet en être autrement ; et il n'est pas admissible que la cessation du contrat soit subordonnée au consentement des deux parties ; chacune d'elles serait liée indéfiniment à la volonté de l'autre.

L'ancien article 1780 ne le permettait d'ailleurs pas. Si le droit de résiliation unilatérale *ad nutum* a été formellement établi par le 1er alinéa de la loi de 1890, il n'y a là qu'une consécration du principe juridique nettement admis par la jurisprudence en matière de contrat de travail.

Cependant, et c'est là une des graves innovations de la loi de 1890, le 2e alinéa porte que la résiliation du contrat, par le fait d'un des contractants, peut donner lieu à des dommages-intérêts.

A la première lecture, le 2e § est la négation du 1er. Si les parties n'excèdent pas leur droit, le patron, en disant à son ouvrier : « Je ne veux plus de vous dans mon atelier », et l'ouvrier à son patron : « Je ne veux plus rester chez vous », et si elles ne font qu'user de leur droit de liberté individuelle en rompant le contrat, comment peut-on admettre qu'elles peuvent encourir des dommages-intérêts en usant de ce droit ?

Le législateur de 1890 a bien dit que pour la fixation du dommage causé, le cas échéant, les juges tiendraient compte des usages et différentes circonstances propres à la cause, mais il n'a pas dit où commence et où finit pour les parties le droit de rompre le contrat sans se rendre passibles de dommages-intérêts. Le législateur a donc pensé que c'était une question de fait que celle de savoir où était le point de conciliation entre les deux premiers paragraphes de cette loi.

Cette loi de 1890 qui a été représentée comme devant être éminemment favorable aux ouvriers, et comme devant les protéger contre les abus des patrons, n'est en réalité pour eux qu'une arme à deux tranchants ; si elle leur permet de demander aux patrons des dommages-intérêts lorsqu'ils se voient congédiés, elle les rend, eux aussi, passibles de dommages-intérêts envers les patrons s'ils veulent les quitter brusquement ; elle les empêche de profiter de l'occasion qui se présente tout à coup de prendre un travail plus numérateur. Les ouvriers ne seraient-ils pas les premiers à récriminer contre une législation qui entraverait leur liberté au point de ne plus leur permettre de quitter leur patron à leur gré, moyennant un avertissement préalable ?

Et la nouvelle loi au lieu de se borner à modifier l'article 1780 n'en change-t-elle pas complètement le sens ? Le louage de service n'est-il pas devenu un véritable engagement à vie que les parties ne peuvent rompre sans s'exposer à des dommages-intérêts ?

Pour mettre un peu de lumière dans l'obscurité laissée par les deux premiers paragraphes, il faut recourir aux travaux parlementaires, aux discussions qui se sont élevées à la Chambre et au Sénat pour connaître l'intention du législateur et comprendre la portée et le sens de ces deux paragraphes.

Tout d'abord, M. Poincaré, rapporteur à la Chambre, dans la séance du 29 décembre 1888, disait : « Nous avons, dans le paragraphe premier » de l'article 1er, conservé le principe général de l'article 1780, c'est-à-

» dire le droit, pour chacune des parties, de s'affranchir à volonté du
» contrat de louage de services quand il aura été fait sans détermination
» de durée. Mais nous avons immédiatement, dans un deuxième para-
» graphe, corrigé la rigueur de ce premier principe en établissant à la
» fois, comme corollaire et comme compensation, la faculté pour les
» tribunaux de condamner à des dommages-intérêts la partie qui exercera,
» *dans des conditions abusives,* ce droit ce résiliation. »

Au Sénat, dans la séance du 25 novembre 1890, M. Renault s'exprimait ainsi : « Que veulent dire ces mots *peut donner lieu* à des dommages-
» intérêts ? Ils ne peuvent avoir qu'une seule signification, c'est qu'il
» y a lieu à des dommages-intérêts si la rupture du contrat, voulue par
» une seule des parties contractantes, n'est pas *appuyée de motifs légitimes,*
» car en dehors de cette interprétation, il n'y en a pas d'autre que la
» raison puisse concevoir, que la conscience puisse supporter. C'est une
» innovation dont la portée est considérable, car dorénavant, dans la
» matière du louage d'ouvrage ou d'industrie, le pouvoir de chacune des
» parties de rompre le contrat *est subordonné à l'existence de motifs*
» *légitimes.* »

Le 28 novembre, M. Humbert, président de la Commission, résumant
la loi, disait : « Elle a déclaré que la résiliation ne pourrait être faite
» *d'une manière contraire à l'équité.* »

Quelques jours après, au Sénat, M. Trarieux affirmait en ces termes
cette interprétation :

« Qu'est-ce que nous avons voulu en votant cet article 1780 ? Nous
» avons décidé que lorsqu'un contrat aurait été conclu pour un temps
» indéterminé, ce contrat ne pourrait être rompu par personne, ni par
» l'ouvrier contre le patron, ni par le patron contre l'ouvrier, *sans que des*
» *motifs légitimes expliquassent sa rupture,* et qu'au cas où *ces motifs*
» *légitimes ne seraient pas démontrés,* soit par le patron, soit par l'ouvrier,
» selon que le contrat aura été brisé par le fait de l'un ou par le fait de
» l'autre, *le principe des dommages-intérêts s'imposerait aux juges.* Voilà
» ce que nous avons dit. »

Enfin, dans la séance de la Chambre du 22 décembre 1890, M. Loreau,
recherchant la cause du maintien du libre exercice du droit de résiliation
et les causes qui pourront donner lieu à des dommages-intérêts, disait :
« *Il faudra absolument qu'il soit établi par la partie plaignante qu'il y a*
» *eu abus, ce n'est que dans le cas net et précis où il y aurait eu abus jugé*
» *par le Tribunal qu'il pourrait y avoir lieu à dommages-intérêts.* »

C'est ici que l'article 1382 trouve son application. L'exercice d'un
droit est un fait licite, autrement ce droit n'existerait pas ; mais le législateur l'a tempéré et a ordonné qu'il n'existerait en réalité qu'autant que

celui qui en userait y apporterait de la réserve et de la prudence ; qu'il n'irait pas jusqu'à l'abus, autrement dit qu'il n'exercerait pas ce droit méchamment, dans l'intention de nuire ; que dans ces conditions, il devient une faute et constitue un fait dommageable à celui à l'encontre duquel il est exercé. Il y a abus de liberté, lorsque, intentionnellement, par négligence, par imprudence, on commet un acte préjudiciable à autrui ; c'est l'intention dommageable qui constitue l'élément illicite de l'acte.

Cette interprétation des deux premiers paragraphes de la loi de 1890 a été consacrée par la jurisprudence, d'abord par le Tribunal de commerce de Lille qui, dans un jugement du 26 mai 1891, déclarait que : Pour qu'il puisse y avoir lieu à l'application de la loi du 27 décembre 1890, il faudrait que le requérant établisse d'une façon nette et précise que dans les conditions où le congé a été donné, le défendeur a *commis un abus*, auquel cas le Tribunal aurait à apprécier l'étendue du préjudice causé, etc.

Mais la solution la plus importante a été donné par la Cour suprême dans deux arrêts du 20 mars 1895 sur les conclusions de M. l'avocat général Rau, conclusions que nous ne pouvons mieux faire que de reproduire ici parce qu'elles sont un commentaire complet des deux premiers paragraphes de la loi (1).

<hr/>

(1) Messieurs, l'affaire dont vous êtes saisis présente une importance considérable. Il s'agit, en effet, pour votre haute juridiction, de fixer le sens véritable et la portée de la loi du 27 décembre 1890, qui a donné lieu à bien des polémiques et à de longues discussions devant les Chambres.

L'ancien article 1780 du code civil ne comprenait qu'un alinéa ainsi conçu : « On ne peut engager ses services qu'à temps et pour une entreprise déterminée. »

La loi nouvelle a ajouté à ce texte diverses dispositions. Elle pose d'abord, en termes généraux, le principe que « le louage de services fait sans détermination de durée peut toujours cesser par la volonté d'une des parties contractantes », mais elle ajoute « que la résiliation du contrat par la volonté d'un seul des contractants peut donner lieu à des dommages-intérêts ». Elle indique ensuite certains faits susceptibles d'être pris en considération par le juge pour la fixation de « l'indemnité à allouer le cas échéant ». Elle dispose enfin que les parties ne peuvent « renoncer à l'avance au droit éventuel de demander » cette indemnité.

Voilà le résumé des dispositions venant compléter le texte primitif du code civil. Or, leur seule lecture fait apparaître l'existence d'une lacune grave dans la loi nouvelle. Le législateur de 1890 parle bien de la possibilité d'obtenir des dommages-intérêts lors de la rupture du contrat par un seul des intéressés, mais il omet totalement d'indiquer les cas dans lesquels cette possibilité s'ouvrira. Deux systèmes se trouvent dès lors en présence.

On peut concevoir que le législateur, tout en reconnaissant aux contractants le droit réciproque de se dégager instantanément du louage de services à durée indéfinie, ait entendu qu'ils ne pussent user de cette faculté que pour des raisons sérieuses. Par suite, une indemnité est due par le seul fait de la rupture, et la partie qui se délie ne peut échapper à une condamnation qu'en prouvant l'existence de motifs légitimes justifiant la cessation de son engagement. Voilà une première interprétation. (En ce sens Planiol, noté sous Trib. Grenoble, 23 janv. 1893. D. 93. 2. 377.)

A l'inverse, il est possible d'admettre que chaque contractant est entièrement libre de rompre *ad nutum* la convention, et que l'exercice de ce droit n'est susceptible de donner lieu à des dommages-intérêts qu'autant que les circonstances dans lesquelles est intervenue la dénonciation lui impriment le caractère d'un *abus* constituant une faute d'une nature particulière. Voilà la seconde des interprétations. (Cpr. Sauzet, nouvel art. 1780, *Annales du droit franç., étr. et international*, 1891, n° 2 et 3.)

Quelle est celle que vous devrez adopter ? Pour ma part, Messieurs, je n'hésite pas à me prononcer dans le sens de la dernière doctrine, qui me paraît conforme aux principes du droit et à la pensée de la loi nouvelle.

Les travaux préparatoires ne fournissent pas, il faut le reconnaître, grande lumière sur la question. Toutefois, leur ensemble nous paraît justifier l'opinion qui vient d'être émise. Avant de reprendre très brièvement l'historique de la loi, disons un mot de votre jurisprudence sur l'ancien article 1780 du code civil.

C'est sur ces conclusions que la Cour décidait :

1° Si le louage de services fait sans détermination de durée peut toujours cesser par la volonté d'une des parties contractantes, cette résiliation peut néanmoins donner lieu à des dommages-intérêts, lorsque la

---

Vous avez toujours consacré le principe du droit respectif de rupture du contrat dans le louage de services d'une durée illimitée. Cette faculté dérive, en effet, de la liberté humaine et ne peut être l'objet d'une contestation sérieuse. La résiliation unilatérale constituant « un droit », vous avez, par une série d'arrêts échelonnés sur 1867 à 1887 (V. aussi motifs civ., Cass., 18 juillet 1892. D. 92 585), proclamé que son exercice ne pouvait motiver une condamnation à des dommages-intérêts lorsque la rupture n'était accompagnée d'aucune inobservation des délais d'usage, d'aucune méconnaissance des conditions expresses ou tacites de l'engagement, ou enfin d'aucun acte constitutif d'une faute de droit commun. Tous les arrêts de cours d'appel qui accordaient des indemnités pour congés donnés « brusquement et sans motifs sérieux » (Civ. Cass., 5 août 1873. D. 74. 65), pour des motifs n'ayant « pas une gravité suffisante » (2ᵉ espèce, *Ibid*), « sans cause sérieuse de révocation » (Civ. Cass., 28 avril 1874. D. 74. 304), ont été impitoyablement cassés. (V. dans le même sens : Civ. Cass., 10 mai 1876. D. 76. 424. 4 août 1879. D. 80. 272. R. 8 mai 1881. D. 82. 164. Civ., Cass., 17 mai 1887. D. 87. 410). Votre doctrine, à cet égard, est très nettement formulée dans un arrêt type (Civ. Cass., 5 février 1872. D. 73. 63) dont les considérants se trouvent reproduits dans plusieurs de vos décisions ultérieures.

Au contraire, lorsque les juges du fonds constataient l'existence d'une faute même légère, relevant l'inobservation sinon d'un usage constant, au moins de certaines habitudes professionnelles, vous rejetiez, en conformité de l'article 1135 du code civil, les pourvois dirigés contre les décisions ayant accordé des indemnités (V. notamment Civ. req., 8 février 1859. D. 59. 57).

La plupart des affaires où une cassation était intervenue concernaient des employés de Compagnies de chemins de fer. Le délai de congédiement n'existant pas pour cette profession, les agents se trouvaient subitement privés d'une situation souvent lucrative. De plus, leur renvoi entraînait ordinairement la privation de tout droit à une retraite, et les retenues opérées sur leurs salaires en vue de cette retraite demeuraient acquises aux compagnies (Civ. Cass., 18 déc. 1892, D. 73. 229. 28 avril 1874, 4 août 1879 précités). C'est la situation peu équitable faite à ces agents qui a été l'origine de la loi de 1890. Dès 1871 (22 février), une pétition adressée au ministre des travaux publics par les mécaniciens des Chemins de fer français appelait l'attention des pouvoirs publics sur la question. Bientôt, une série de propositions de loi furent soumises aux Chambres de 1872 à 1880, mais elles ne purent aboutir.

En 1882, MM. Raynal, Waldeck-Rousseau, de Janzé et plusieurs autres députés présentèrent deux nouveaux projets de loi sur la matière. La pensée très nettement exprimée par leurs auteurs était de réagir contre votre jurisprudence : « Nous ne venons cependant pas, disaient-ils, demander d'établir au profit des agents commissionnés des Chemins de fer un régime exceptionnel, notre proposition de loi a, au contraire, pour but de les faire rentrer dans le droit commun des bénéfices duquel la jurisprudence de la cour de cassation les a exclus » (D. 91. 1. 34 n° 6). Singulier reproche qu'une étude plus complète de vos décisions eût empêché de formuler. Les deux projets de loi furent adoptés, avec certaines modifications, par la Chambre des députés. Mais, au Sénat, la proposition subit une transformation radicale. Dans son rapport du 25 juin 1885, M. Cuvinot rendait hommage aux sentiments généreux de la Chambre, mais il faisait remarquer que la loi élaborée par elle « sacrifiait au désir de donner satisfaction à une classe particulière de citoyens le principe d'unité de législation, d'égalité devant la loi que nous ont légué nos pères de 1789 et que nous avons le devoir de respecter ». *(Journ. off.*, 1885. Documents parlem., p. 260.)

La Commission se prononça catégoriquement contre le projet. Mais reconnaissant en même temps que l'article 1780 du code civil avait besoin d'être précisé, elle résolut de le compléter par une disposition générale applicable à tous les louages de services, et ainsi conçue :

« La résiliation du contrat de louage de services par la volonté d'un seul des contractants peut donner lieu à des dommages-intérêts, même dans le cas où la durée du contrat n'a pas été déterminée, à la charge par la partie qui réclame les dommages-intérêts de prouver que le congé a été donné de mauvaise foi ou à contre-temps ;

« Pour la fixation de l'indemnité à allouer le cas échéant, il est tenu compte des usages, de la nature des services engagés, des retenues opérées et des versements effectués en vue d'une pension de retraite et de toutes les circonstances qui peuvent justifier l'existence et déterminer l'étendue du préjudice. » Rapp. du 25 juin 1885, *Journ. off.*, 1885, Doc. parl., p. 261.

Voilà le texte, un peu remanié au cours de la discussion et complété par certaines additions, qui est devenu l'article 1ᵉʳ de la loi de 1890.

Vous avez remarqué, Messieurs, que le membre de phrase relatif au congé donné « de mauvaise foi ou à contre-temps » ne se retrouvait pas dans le texte définitif. Cette suppression n'a nullement été opérée pour décharger la partie réclamant des dommages-intérêts de toute preuve. Elle a eu pour but unique de faire disparaître de la loi des expressions empruntées à l'article 1869 du code civil sur les Sociétés qui avaient paru manquer de justesse et de précision (V. les observations de M. Clément, Séance du Sénat, 15 novembre 1887, *Journ. off.*, du 16. Délib. parl., p. 921).

Quelle a été, Messieurs, la volonté du Sénat en votant la disposition que je viens de rappeler ? Loin de vouloir se mettre en opposition avec vos arrêts, cette haute Assemblée a entendu au contraire consacrer législativement les principes que vous aviez posés. Le rapport précité de M. Cuvinot ne peut

partie qui en est l'auteur a fait de son droit *un usage abusif et préjudiciable.*

2° Mais pour qu'une condamnation, de ce chef, soit également fondée,
il faut que le jugement qui la prononce *relève les circonstances desquelles*

laisser de doute à cet égard. Après une analyse très complète de votre jurisprudence, ce document
résume en ces termes la pensée des commissaires : « Ce que votre Commission vous propose, c'est de
consacrer par un texte de loi les décisions de la jurisprudence » (Rapp. 25 juin 1885, *Journ. off.* 1885, Doc.
parl., p. 260, col. 3). Voilà des indications de nature a bien fixer le sens de la modification apportée à
l'ancien article 1780. Lorsque la loi ainsi transformée retourna à la Chambre, celle-ci ne reconnut plus
son œuvre. Le rapporteur, M. Poincaré (Rapp. du 29 décembre 1888, n° 3472, p. 10 et suiv.), signala cette
transfiguration et fit ressortir la nécessité de sauvegarder les intérêts des employés de chemin de fer,
hors d'état, disait-il, de discuter librement avec les compagnies les conditions de leurs engagements. La
Commission ajouta cinq articles au projet de Sénat, et le rapport précisait le caractère de cette addition.
En ce qui concerne les agents des compagnies de chemins de fer, nous ne nous bornons plus à dire
que leur renvoi pourra donner lieu à des dommages-intérêts ; nous déclarons que, si ce renvoi a lieu
sans motifs légitimes, les dommages-intérêts seront dus :
« Quand un employé de chemin de fer congédié viendra réclamer une indemnité, ce ne sera donc
pas à lui de prouver qu'on a violé à ses dépens les usages, qu'on l'a renvoyé de mauvaise foi, à contre-
temps, qu'on lui a causé un préjudice. Ce sera à la compagnie qui l'aura renvoyé d'établir qu'elle avait
pour prendre cette mesure des motifs légitimes » (Rapp. 28 décembre 1888, n° 3472, p. 26).
Voilà bien, pour les agents des chemins de fer, un régime exceptionnel, renversant l'ordre des
preuves et allant directement à l'encontre de la doctrine formulée dans vos arrêts. Mais pour la partie
générale de la loi, pour tous les autres louages de services, on n'entend rien innover (p. 13 et suiv. Rapp.
précité). L'allocation de dommages-intérêts sera facilitée, mais son caractère, au point de vue du fardeau
de la preuve, subsistera :
« Aussi, porte le rapport (p. 15), ne vous demandons-nous pas seulement de consacrer cette jurisprudence existante, mais de la simplifier, de la coordonner et de lui donner enfin les moyens légaux de
s'améliorer ». Et M. Poincaré ajoutait : « Nous ne donnons pas en réalité aux tribunaux une faculté
nouvelle ; nous leur donnons l'exercice plus libre, plus rationnel et plus équitable d'une faculté qu'ils
ont déjà, mais qui se trouve gênée dans les mailles trop étroites de l'article 1780 »
Les additions concernant les employés de chemins de fer furent votées par la Chambre. Puis le projet
de loi ainsi allongé reprit le chemin du Sénat. Mais celui-ci, après la discussion de plusieurs contre-
projets, persista dans son idée primitive et retrancha les cinq articles. De guerre lasse, la Chambre finit
par adopter le texte voté par le Sénat. Voilà la genèse de la loi nouvelle. Son *intitulé* et son article 2
rappellent seuls les préoccupations de ses promoteurs. Une disposition d'ensemble a remplacé le statut
particulier que l'on voulait créer pour les employés des compagnies de chemins de fer. Loin d'apporter
un bouleversement aux règles que vous aviez posées, cette disposition générale est venue les consacrer.
Indépendamment des documents déjà cités, cette idée ressort des paroles de plusieurs orateurs.
« Il faudra absolument », disait M. Loreau de la Chambre des députés, « qu'il soit établi par la partie
plaignante qu'il y a eu *abus* ; ce n'est que dans le cas net et précis où il y aurait eu *abus* jugé par le
tribunal, qu'il pourrait y avoir lieu à des dommages-intérêts » (Séance du 22 décembre 1890, p. 2619, col. 1,
in fine).
« La loi », disait aussi M. Humbert, président de la commission du Sénat, « a déclaré que la résiliation
ne pourrait pas être faite *d'une manière contraire à l'équité* sans donner lieu à des dommages-intérêts.
Voilà l'idée fondamentale » (Séance du 27 novembre 1890, p. 1096, col. 3). Et M. Trarieux présentait, à la
même séance, une observation analogue (*Ibid.*, p. 1097, col. 2). Ainsi, l'historique de la loi, malgré une
certaine confusion régnant dans les travaux préparatoires, vient à l'appui de notre opinion.
Mais, Messieurs, il est une chose autrement décisive que les discussions des Chambres, c'est le texte
de la loi lui-même. L'article 1er de la loi de 1890 proclame que le droit de résiliation existe dans tout
contrat de louage de services fait sans détermination de durée. Il s'agit donc d'un *droit* reconnu express-
sément par le législateur au profit de chacune des parties. Or l'exercice d'un droit ne peut engager la
responsabilité de celui qui en use normalement. Pour réussir dans une demande de dommages-intérêts,
l'autre contractant sera donc tenu d'établir que le droit a été dépassé, qu'il en a été fait par son adversaire
un *emploi abusif* constituant, comme nous le disions, une *faute particulière*. Soit, dira-t-on ! Seulement,
s'il en est ainsi, la loi nouvelle est sans utilité aucune. Je ne saurais le croire. Tout d'abord elle a
entendu que les Tribunaux se montrent plus larges dans l'appréciation des faits à considérer comme
constitutifs de la faute. Elle a, en outre, augmenté le nombre d'éléments dont il faut tenir compte, une
fois la faute établie, pour fixer le montant de l'indemnité. Elle a enfin déclaré illicite la renonciation
anticipée à une réclamation de dommages-intérêts.
Voilà certes des résultats importants qui démontrent l'unité de l'addition faite en 1890 au code civil.
En quoi consistera la *faute* spéciale dérivant de la loi nouvelle? Sur ce point, il est impossible de
tracer des règles absolues. La solution variera nécessairement avec chaque espèce : pas de difficulté
lorsque des usages constants auront été méconnus, lorsque, à défaut d'usage, les parties seront convenues expressément ou implicitement de ne pouvoir se dégager unilatéralement qu'en observant certains
délais ou certaines autres conditions. Pas de difficulté non plus, lorsqu'on relèvera chez le contractant
qui arrête le cours de la convention, une intention de nuire à son cocontractant. Mais, lorsque rien de

il fait résulter cette faute, de manière à permettre à la Cour de cassation d'exercer sur ce point son contrôle.

3° Lors donc que l'ouvrier congédié n'a invoqué aucune convention l'autorisant à réclamer une indemnité en cas de brusque rupture du contrat, *ni aucune circonstance impliquant de la part du patron, un abus de son droit de résiliation,* manque de base légale la décision qui, pour allouer au demandeur des dommages-intérêts, se fonde uniquement sur ce qu'il aurait été renvoyé sans délai-congé (1).

4° *A fortiori,* le seul fait du défaut de congé préalable, ne saurait rendre un patron passible de dommages-intérêts, alors que d'après les constatations mêmes du juge, s'il a renvoyé son ouvrier, c'est qu'il n'avait plus de travail à lui donner.

Nous croyons cependant devoir faire une observation au sujet de cette

pareil ne se rencontrera, il faudra examiner de près les circonstances. Voici une partie qui a laissé imprudemment croire à l'autre que les services auraient une certaine durée. Il sera possible de trouver dans ce fait une faute. Voici un patron qui, en dehors d'un usage général applicable à l'industrie qu'il exerce, a dans sa maison certaines habitudes. Il fait une exception au détriment de l'un de ses ouvriers et le congédie brusquement. Cet acte pourra encore, suivant les circonstances, constituer la faute particulière dont nous nous occupons. Je ne veux pas, Messieurs, multiplier les exemples et j'aborde le dernier point qu'il me reste à examiner.

Les juges du fond ont-ils pour la détermination de la faute relative au contrat de louage de services un pouvoir souverain d'appréciation, ou, au contraire, leur décision tombe-t-elle sous votre contrôle ?

J'estime, Messieurs, qu'ici encore les règles constantes de votre jurisprudence doivent être suivies. Assurément le juge du fond sera souverain pour constater les faits, pour préciser l'existence d'usages particuliers ; mais les conséquences juridiques tirées de ces constatations tomberont nécessairement sous votre contrôle. Vous vous réservez d'examiner en matière de faute contractuelle ou quasi-contractuelle, si la loi a été violée. Vous allez même jusqu'à vérifier si la faute telle qu'elle dérive des faits souverainement constatés constitue une *faute grave.* (Civ. Cass., 12 janvier 1892, D. 92. 157.) Comment donc votre droit de censure cesserait-il de s'exercer au sujet de la faute imputée à la partie qui rompt un contrat de louage de services ? Il n'y a nulle raison de déroger en cette matière aux principes depuis longtemps consacrés.

Votre Chambre, Messieurs, n'a pas encore eu à statuer sur l'application du nouvel article 1780. Mais la Chambre des Requêtes a déjà rendu trois arrêts à son sujet. Les deux premiers (R. 28 juin 1893, 21 novembre 1891, Dal. 1893, 454. 1894, 237) n'ont pas d'intérêt particulier dans l'affaire actuelle. Mais le troisième (R. 14 nov. 1894, Dal. 1895, 38) déclare très nettement que l'employé congédié peut réclamer « dans toutes les circonstances » des dommages-intérêts. Toutefois, cette décision attribue aux juges du fond un pouvoir d'appréciation sur lequel je dois faire des réserves.

En résumé, j'estime, d'une part, qu'une condamnation à des dommages-intérêts ne peut intervenir qu'autant qu'une faute particulière est constatée, et, d'autre part, que la décision du juge du fait relativement à l'existence de cette faute demeure soumise à votre contrôle. Tels sont, Messieurs, les principes généraux qui me paraissent devoir être appliqués dans le présent procès et dans les autres espèces sur lesquelles la cour est appelée aujourd'hui à se prononcer.

(1) Et ce principe était appliqué tout récemment :
1° Le 26 mai 1897, par le Tribunal de St-Etienne qui décidait que : « Si le contrat de louage de services » fait sans détermination de durée peut toujours cesser par la volonté de l'une des parties contractantes, » cette cessation, à moins de motifs graves et dûment justifiés ne peut se produire d'une manière » intempestive et sans observer les délais d'usage et nécessaires pour que le patron puisse remplacer » son préposé si c'est celui-ci qui se retire, ou pour que le préposé puisse trouver une situation analogue » à celle qu'il est appelé à perdre si c'est le patron qui manifeste l'intention de se priver de ses services. »
» 2° Le 19 juin 1897, par la Cour de Cassation, déclarant : « Que l'ouvrier congédié par le patron auquel » le liait un contrat de louage de services fait sans détermination de durée, ne peut obtenir des dommages-» intérêts, *que s'il prouve,* en même temps le préjudice qui lui a été causé, et la faute que le patron aurait » commise en abusant du droit qu'il avait de résilier le contrat par sa seule volonté. »
Que le patron n'abuse pas de son droit, qui congédie un ouvrier pour avoir tenté de créer un syndicat professionnel en faisant de la propagande dans l'intérieur de l'atelier ; que si le patron doit respecter la liberté des ouvriers hors de l'atelier, ceux-ci par contre sont soumis, dans l'atelier, à son droit de police, dont l'exercice ne peut engager sa responsabilité, lorsqu'il n'est contraire ni à la loi, ni à l'usage, ni à la convention.

dernière disposition autorisant une brusque rupture motivée par le défaut de travail.

Il peut arriver, en effet, que pour certains petits patrons le travail puisse faire défaut subitement et sans qu'ils aient pu le prévoir; et, dans ce cas alors, il est d'usage que l'ouvrier soit, non congédié définitivement, mais prié d'attendre, s'il le peut ou le juge convenable, et qu'il ait la faculté de chercher et de prendre du travail ailleurs si l'occasion se présente.

Le manque de travail peut être considéré comme un cas fortuit, de force majeure, mais seulement temporaire, et permettant cependant à l'ouvrier de choisir entre celui des deux moyens qui lui sera le moins onéreux : attendre la reprise des travaux, ou en accepter dans un autre établissement.

Mais il n'en peut aller de même dans les établissements ou ateliers d'une certaine importance, où les travaux sont constamment suivis, ne s'arrêtent jamais subitement et permettent au patron de prévoir, au moins quelques jours d'avance, le moment où il sera obligé de congédier son ouvrier; l'adoption d'un pareil principe ouvrirait la porte aux mêmes abus que le législateur a entendu supprimer.

Il a encore été jugé que :

La liberté de résilier le contrat n'est limitée par la loi de 1890, à l'égard de l'ouvrier ou de l'employé, que par l'obligation de n'abandonner ses fonctions qu'après le temps nécessaire pour permettre au patron de pourvoir à son remplacement.

Des dommages-intérêts ne peuvent être réclamés à l'ouvrier qui, après avoir fait connaître son intention de rompre le contrat, est resté au service de son patron pendant plusieurs semaines, et ne l'a quitté que pour prendre un emploi plus avantageux, et non par caprice ou dans l'intention de nuire. (Trib. civ. Seine. 19 nov. 1895.)

De toutes ces décisions il résulte clairement que, d'après la jurisprudence, la loi de 1890 modifiant l'ancien article 1780 du Code civil n'a pas dérogé aux principes généraux du droit commun relatifs à la charge de la preuve. C'est à celui qui se prétend victime d'un préjudice, à établir l'existence du dommage qui lui a été causé et, en outre, à démontrer que l'auteur du préjudice a agi contrairement à son droit; en un mot, c'est à lui à établir que, en l'espèce, celui qui a rompu le contrat du travail l'a fait sans motifs légitimes.

Aussi empressons-nous de dégager du commentaire des deux premiers paragraphes de la loi de 1890 les deux règles suivantes :

1° S'expose à une action de dommages-intérêts celui qui a rompu un contrat de travail en violation d'une convention expresse ou d'un usage, sans motifs légitimes, c'est-à-dire *abusivement* ou *dans l'intention de nuire*.

Mais pour que cette action en dommages-intérêts soit reconnue fondée par les juges, la partie qui l'intente doit prouver, outre la rupture du contrat, qu'il y a eu de la part de son adversaire *faute ou abus dans l'exercice de ce droit*, et, pour lui, *préjudice résultant de l'exercice de ce droit*.

Le quatrième alinéa renferme la disposition, qui, de toutes celles de la nouvelle loi, donne lieu aux plus nombreuses difficultés, parce qu'elle déroge au principe de la liberté des conventions posé par l'article 1134. Cet alinéa ne vise expressément que la renonciation au droit de demander des dommages-intérêts, et cependant il a paru dans l'origine porter une grave atteinte à certaines clauses de règlements d'atelier, et rendre illicite toute convention déterminant à l'avance l'indemnité à payer par celui qui romprait le contrat, ou toute convention fixant la durée du délai-congé ou même supprimant tout délai.

En effet, dans les endroits où existe l'usage du délai-congé, huitaine, quinzaine, l'indemnité allouée pour brusque rupture du contrat représentait généralement, avant l'apparition de la loi, le salaire de la huitaine ou de la quinzaine, et il avait paru à certains tribunaux que la renonciation à tout délai-congé équivalait à une renonciation à des dommages-intérêts et, par conséquent, une cause semblable était illicite.

Ce quatrième paragraphe est absolument net en ce qui concerne la renonciation à l'avance à tous droits à des dommages-intérêts en cas de rupture abusive du contrat de travail; la justice ne peut que sanctionner un texte aussi précis. Aussi, la Cour suprême a-t-elle décidé (9 juin 1896, Ch. Civ.) que le juge ne peut repousser *de plano,* une action en dommages-intérêts par l'unique motif que d'après l'article 1134 du Code civil, les conventions légalement formées tiennent lieu de loi à ceux qui les ont faites, et qu'en vertu de cet article les parties ont pu légalement renoncer à des dommages-intérêts; l'article 1780 déroge sur ce point à l'article 1134.

Mais ce quatrième paragraphe de la loi de 1880 a donné lieu aux questions suivantes :

1º Dans le contrat de louage à durée indéterminée, les parties ont-elles le droit de ne pas tenir compte des usages en matière de congé, de déterminer à l'avance la durée du préavis, et même de le supprimer totalement; 2º Ont-elles la faculté de déterminer par avance, par application de l'article 1152 C. C., au moyen d'une clause pénale, l'indemnité à payer par suite d'une brusque rupture de contrat ?

Avant la loi de 1890, il était généralement admis que chaque partie pouvait, à tout moment, résilier le contrat en donnant congé à l'autre dans le délai fixé par l'usage des lieux.

La loi de 1890 est muette sur ce point, et la question n'a pas été posée d'une façon précise dans les discussions qui en ont précédé le vote. M. Poincaré, dans son rapport à la Chambre des Députés, le 29 décembre 1888, ayant déclaré : « Qu'il n'était ni pratique, ni équitable d'instituer d'avance pour des hypothèses variables un délai uniforme de congé. »

Aussi, en 1892, M. Rodat proposait à la Chambre des Députés d'ajouter à l'article 1780 la disposition suivante :

« Lorsque le contrat de louage n'aura pas été formé pour un temps ou pour une entreprise déterminés, les parties pourront se dégager de leurs obligations en se donnant congé suivant les usages établis, et, s'il n'existe pas d'usages, en observant un délai au moins égal à la durée d'un terme de paiement des salaires stipulés, sans que ce délai puisse être moindre de trois mois. »

Dans le même sens, la proposition de loi sur les règlements d'atelier, adoptée par la Chambre des Députés le 5 novembre 1892, dispose dans son article 5 : « Le contrat intervenu entre le patron et l'ouvrier ne peut prendre fin qu'après l'expiration d'un délai, dit de prévenance, dont la durée sera conforme aux usages locaux, mais ne pourra être inférieure à une semaine.

« Cette disposition du délai de congé ne s'applique pas aux travaux temporaires, dont la durée est déterminée au moment de l'embauchage. »

Une telle loi, claire, précise, conforme aux principes de morale et d'équité qui doivent régir toutes les lois sur le travail, n'est malheureusement aujourd'hui encore qu'à l'état de projet, et en attendant qu'elle revoie le jour, c'est la jurisprudence qu'il faut consulter pour trouver la solution de la question, *et nous verrons plus loin qu'elle est presque unanime pour déclarer licite toute convention déterminant ou même supprimant totalement le délai de prévenance.*

C'est dans la séance du 28 novembre 1890 qu'a été discuté et voté ce fameux quatrième alinéa proposé par M. Trarieux, en remplacement du texte suivant voté par la Chambre des députés : « *Toute stipulation contraire aux dispositions qui précèdent est nulle de plein droit.* »

MM. Buffet et Lacombe combattaient vivement cette disposition ; ils invoquaient le principe de la liberté des contrats, prétendaient qu'une semblable prohibition portait un grave préjudice au commerce, en rendant impossible pour l'industrie la faculté de diminuer son personnel selon les besoins de son industrie, comme aussi pour l'ouvrier ou pour l'employé de ne pouvoir, au moyen d'un dédit stipulé d'avance, quitter un établissement pour entrer dans un autre où il trouverait une situation meilleure, et

M. Buffet terminait en ces termes : « Votre article ne s'applique qu'aux contrats de louage de travail sans durée déterminée. Convenez que si le projet est voté, les entreprises qui feront de semblables contrats seront bien imprudentes. Elles seront naturellement conduites à n'engager leurs employés que pour une durée déterminée et éviter ainsi l'application de la loi. Votre article s'y opposera-t-il ? On n'oserait le supposer. »

En présence de ces objections, M. le Président posait au Sénat la question suivante : « Il y aurait cependant une question intéressante à élucider au point de vue de l'application ultérieure de la loi : Si, par exemple, *une clause pénale prévoyait la rupture du contrat, cette clause serait-elle nulle* en présence de la disposition qui vous est proposée ? »

M. Lacombe appuyant les protestations de M. Buffet, et montrant toutes les conséquences graves et périlleuses que pouvait entraîner la prohibition de toute stipulation de dédit, s'écriait : « Vous voulez donc que l'indemnité soit fixée par les tribunaux, et vous n'en admettez pas la fixation préalable et amiable!... *mais c'est le procès obligatoire que vous voulez imposer aux parties!* »

Et sur l'observation que les clauses du dédit pouvaient être plutôt imposées à l'ouvrier qu'acceptées librement par lui, l'honorable Sénateur ajoutait : « Pourquoi voulez-vous que la stipulation ne soit pas aussi libre en ce qui concerne le dédit stipulé qu'en matière de salaire? Pourquoi ne dites-vous pas également, en ce qui concerne le salaire, qu'il faudra donner aux tribunaux la mission d'apprécier s'il a été fixé équitablement et s'il est en proportion avec les services rendus? La question est absolument la même : liberté de discuter les conditions du dédit ou liberté de discuter le salaire, c'est tout un ; ce qui peut être fait dans des conditions de liberté suffisante pour le salaire, peut l'être également pour le dédit. Votre raisonnement, s'il était juste, devrait arriver à faire interdire d'une manière complète le louage, et à confier aux tribunaux le soin d'en régler les conditions. »

M. le Président précisait la question : « Dans l'intérêt de l'application de la loi, je crois qu'il serait bon que la Commission s'explique sur ces deux points. Voici le premier : La Commission interdit-elle par sa disposition, la convention qui intervient entre une Compagnie et un employé, lorsque, dans cette convention, prévoyant la rupture du contrat, on a stipulé l'indemnité qui serait alors due? N'y aurait-il pas lieu de stipuler l'impossibilité par le contractant de limiter son droit par une clause pénale ? Voici le second point : il semble résulter de la rédaction de M. Trarieux, adoptée par la Commission, qu'une transaction ne pourrait intervenir entre la Compagnie et l'ouvrier, sans passer par les tribunaux, c'est ce qui faisait dire à M. Lacombe que l'on organisait le procès obligatoire. »

Et c'est alors que M. Trarieux fait la déclaration importante suivante : « Si, en principe, nous permettions de fixer par avance les dommages-» intérêts par des clauses pénales, nous aurions, comme je l'ai déjà » démontré, à redouter qu'elles ne servissent de moyen pour éluder une » loi que nous voulons rendre obligatoire. Quant à ces clauses pénales » *sérieusement et équitablement stipulées par les parties* dont M. La-» combe a parlé, nous n'avons point à nous en préoccuper, car il nous a » paru d'évidence *qu'elles feraient forcément la loi des tribunaux,* si » ceux-ci étaient appelés à en apprécier le caractère. En donnant, en » effet, à la justice, comme règle de ses décisions, la mission de se référer » aux usages, et à toutes les circonstances propres à l'éclairer, il n'y a » point à craindre qu'elle néglige de *sanctionner,* en se les appropriant, » *des conditions qui lui auraient paru loyales et équitables,* mais ce que » nous ne voulons pas, c'est que la porte reste ouverte à des simulations » ou à des fraudes, et c'est pour ce motif que nous avons tenu à réserver, » en toute hypothèse, ce contrôle, s'il plaisait aux parties, à leurs risques » et périls, d'y référer. »

Et sur de nouvelles observations de M. Lacombe et de M. Buffet, M. Trarieux répond : « Les tribunaux auront la mission d'être équitables quand on les consultera, et nous avons pleine confiance dans leur prudence et dans leur justice. »

Ce sont ces explications qui ont servi de base à l'interprétation faite par les tribunaux du véritable sens et de la portée de la loi du 27 décembre 1890.

Ainsi il a été jugé que :

Toute convention légalement formée tenant lieu de loi à ceux qui l'ont faite, est licite la convention réciproque par laquelle le patron et l'ouvrier stipulent que chacun pourra se séparer de l'autre *sans se prévenir à l'avance.*

Il est licite d'inscrire dans un règlement d'atelier la *suppression de tout délai de prévenance réciproque;* mais, est illicite la renonciation à l'avance par l'une des parties au droit éventuel de demander des dommages-intérêts basés sur la rupture du contrat, dans le cas où cette rupture serait une cause de préjudice. (Trib. com. Roubaix, 6 août 1891.)

Sont valables et licites les conventions intervenues entre un patron et un ouvrier, aux termes desquelles, loin de renoncer au droit qu'elles pourraient avoir en cas de brusque rupture du contrat, *elles fixent au contraire et déterminent à l'avance ce droit éventuel* d'après la durée des services de l'employé et sa situation au jour de son départ.

6

La loi de 1890 n'a point abrogé l'article 1152 C. C. édictant que lorsque la convention porte que celui qui manquera de l'exécuter, paiera une certaine somme à titre de dommages-intérêts, *il ne peut être alloué à l'autre partie une somme plus forte ni moindre*. (Trib. comm. Seine, 3 juin 1893.)

Est licite, la clause d'un règlement intervenu, *accepté par l'ouvrier*, stipulant une *indemnité réciproque déterminée* à la charge du patron en cas de brusque renvoi, ou de l'ouvrier, en cas de brusque départ. (Trib. civ. Lyon, 31 juillet 1895.)

Est licite et obligatoire la clause d'un règlement particulier qui *supprime* dans un atelier *tout délai de prévenance* tant pour les ouvriers que pour le patron; une telle cause ne tombant point sous le coup de la nullité que prononce le quatrième paragraphe de la loi du 27 décembre 1890. (Cass. Ch. civ., 6 novembre 1895. Trib. comm. Lille, 4 juin 1897.)

En effet, l'article 1780, du Code civil, modifié, n'impose nullement aux parties en l'absence d'usage à cet égard, l'obligation de se donner mutuellement congé un certain temps d'avance.

Mais s'il est permis aux parties de déterminer à l'avance une indemnité réciproque en cas de brusque rupture du contrat, cette indemnité est-elle laissée à leur libre arbitre, et les tribunaux sont-ils obligés de respecter la convention et de faire application des dispositions de l'article 1552 du Code civil.

Nous trouvons la réponse dans la discussion qui a précédé le vote de la loi de 1890, lorsque, comme nous l'avons rapporté plus haut, M. Trarieux déclarait que les clauses pénales *sérieusement et équitablement* fixées par les parties feraient forcément la loi des parties.

En réalité, le fonds de la pensée de M. Trarieux n'a pas été de reconnaître aux Tribunaux le pouvoir d'apprécier si oui ou non la clause pénale prévue par les parties fixe exactement la réparation du préjudice subi par la partie contre laquelle le contrat sera rompu. Le pouvoir d'apprécier laissé aux Tribunaux n'est pas si large, car à bien saisir les paroles prononcées par M. Trarieux et que nous avons relatées plus haut, c'est surtout la crainte de la fraude qui a dicté ses paroles. Or, pour réprimer la fraude et les simulations faites dans le but d'échapper à l'appréciation du quatrième paragraphe de la loi de 1890, les Tribunaux n'ont qu'à invoquer ce principe juridique que l'on ne peut faire par voie détournée, c'est-à-dire, indirectement, ce que la loi interdit de faire directement, et pour savoir si les parties ont ou non voulu éluder la loi l'indemnité stipulée par la clause pénale sera un des éléments de l'opinion que les juges auront à se faire sur ce point.

Si l'indemnité est sérieuse, équitable et représentative du dommage causé et du préjudice éprouvé par la rupture du contrat, l'article 1152 du

Code civil liera entièrement le Juge, sinon il sera probable que l'on aura voulu éluder l'interdiction formelle édictée par le quatrième paragraphe de la loi de 1890; aussi, voyons-nous successivement le Conseil de Prud'hommes d'Evreux, le 22 juin 1896, et la Cour d'appel d'Aix, le 3 mars 1897 décider que : « Lorsqu'il est de pratique constante et générale dans une industrie, et qu'il est d'usage dans un pays que les patrons et ouvriers se donnent réciproquement, en cas de renvoi ou de départ, un congé variant, suivant les localités ou les industries, entre une et deux semaines, cet usage doit être appliqué toutes les fois qu'il n'y a pas été dérogé par des conventions légales et réciproques; qu'un règlement d'atelier ne peut rentrer dans la catégorie de ces conventions, qui stipule la faculté de rompre le contrat sans congé préalable moyennant une somme *dérisoire*, et qu'en cas, c'est aux Tribunaux qu'il appartient d'apprécier le montant des dommages-intérêts à allouer.

Mais serait licite la clause qui stipulerait qu'en cas de rupture du contrat, l'une et l'autre des parties devraient se prévenir mutuellement une semaine à l'avance, ou de verser de part et d'autre, au lieu de tout avis et pour toute indemnité, l'équivalent des appointements d'une semaine. (Trib. comm. Tarbes, 14 mai 1897.)

Pourra être passible de dommages-intérêts le patron qui aura brusquement renvoyé son ouvrier, sans pouvoir *alléguer contre lui aucun grief ni infraction au règlement, ni insubordination, ni incapacité, ni mauvais travail, qui n'invoquera pas davantage le manque d'ouvrage, mais seulement le bon plaisir.* (Trib. comm. Reims, 5 mai 1897.)

Il résulte donc et de la discussion qui a précédé le vote de la loi, et de l'état actuel de la jurisprudence que ce que le nouvel article 1780 interdit dans son quatrième paragraphe, ce sont des renonciations générales au droit de demander des dommages-intérêts pour quelque cause que ce soit, mais que ce ne sont nullement les renonciations partielles limitées à tel ou tel droit contractuel, comme la suppression du délai de prévenance, ou la fixation de l'indemnité par des clauses pénales.

Cependant, il faut reconnaître aussi que la liberté laissée aux parties dans l'établissement de leurs conventions n'est pas entière, que l'interprétation donnée à la loi de 1890 par les législateurs eux-mêmes et par la jurisprudence met en échec, sur certains points, les dispositions toutes de droit commun des articles 1134, 1152 du Code civil et que si elle ne rend pas le procès obligatoire, comme le disait M. Lacombe, du moins elle ouvre la porte à de nombreuses difficultés, car le législateur, au lieu de poser des règles bien précises, a préféré s'en remettre aux tribunaux pour apprécier les conventions intervenues librement entre les parties, comme aussi pour trancher les difficultés qu'elles peuvent engendrer.

APPLICATION

DES

LOIS ET DES USAGES

DANS LA

JURIDICTION DE L'ARRONDISSEMENT DE REIMS

JURISPRUDENCE RÉGIONALE

I

EMBAUCHAGE

L'embauchage est l'engagement de l'ouvrier par le patron. C'est l'acte qui constitue entre eux le contrat de louage de travail.

C'est à ce moment que doivent être déterminées et acceptées, de part et d'autre, les différentes conditions de ce contrat.

Ces conditions résultent tantôt d'un accord verbal, tantôt d'un règlement d'atelier, et quelquefois et de l'accord verbal et du règlement, lorsque ce règlement ne comporte que la réglementation générale du travail et reste muet sur certaines conditions particulières, telles que la fixation des salaires.

La fixation des salaires et la connaissance des règlements au moment de l'embauchage feront l'objet de deux paragraphes différents sous le titre : *Règlements d'Atelier*.

II

HUITAINE D'ESSAI

La huitaine d'essai, en usage dans certaines régions, est admise par plusieurs Conseils de Prud'hommes, et à Reims appliquée généralement dans toutes les Industries et plus particulièrement dans celle du bâtiment.

Le patron et l'ouvrier qui se trouvent sous le régime de la huitaine peuvent réciproquement se quitter pendant les huit jours qui suivent l'embauchage et qui sont considérés comme huitaine d'essai, sans avertissement préalable, à moins de conventions contraires dûment établies. Pendant cette première huitaine, les parties contractantes sont néanmoins soumises à toutes les autres obligations résultant du droit, des usages et des conventions particulières arrêtées au moment de l'embauchage.

Le délai expiré, le patron ne pourra plus arguer de l'incapacité de son ouvrier, ni celui-ci des difficultés que peut présenter l'exécution du travail.

Le Conseil, néanmoins, *pourra toujours tenir compte des circonstances* particulières *de fait* invoquées par les parties en faveur de leurs prétentions.

Le Conseil de Prud'hommes de Reims a adopté ce principe qui nous paraît absolument prudent et excellent à tous les points de vue.

Il serait, en effet, inadmissible qu'après un ou deux jours de travail, l'ouvrier ou le patron puissent se réclamer une huitaine d'indemnité, sous prétexte que le règlement ou l'usage est de faire la huitaine dans l'atelier visé. On doit admettre qu'il faut au patron quelques jours pour apprécier la valeur d'un ouvrier et de son travail, et à celui-ci pour se familiariser avec le travail qui lui est confié.

III

SALAIRE

DÉLAI LÉGITIME POUR LE FIXER

En règle générale, le salaire doit être déterminé, autant que possible, au moment précis de l'embauchage.

« Dans l'industrie du bâtiment, si au moment de l'embauchage, le » patron et l'ouvrier n'ont pas déterminé le salaire de ce dernier, ils » doivent le faire lors de la première paie qui suivra et au plus tard dans » la quinzaine. Le patron qui ne provoquera pas cette entente s'exposera » à se voir condamner au maximum du prix payé dans le chantier où » travaille l'ouvrier. »

Jugement du Conseil de Prud'hommes de Reims (10 Février 1897).

Dans l'industrie du bâtiment, le salaire doit, autant que faire se peut, être débattu et fixé au moment de l'embauchage. Au cas d'impossibilité, il le sera lors de la première paie et au plus tard dans la quinzaine. Le patron doit en prendre l'initiative. Ce prix doit être sensiblement le même pour tous les ouvriers de la même catégorie. Pendant ce laps de temps, le salaire minimum ne sera pas inférieur à celui des ouvriers de cette catégorie, payés au plus bas prix, dans le chantier ou dans d'autres chantiers similaires. Comme le patron et l'ouvrier ont la faculté de se quitter séance tenante pendant les huit premiers jours, le patron a le devoir de ne pas prolonger le séjour d'un ouvrier qui n'aurait pas les aptitudes nécessaires pour le travail qu'il a sollicité ou qui lui a été confié. De cette façon, pour l'ouvrier comme pour le patron, il ne peut y avoir aucun intérêt compromis et c'est le point important.

Cet usage peut être appliqué à toutes les industries qui nécessitent, par le patron, un examen des capacités de l'ouvrier. Mais, en règle générale, il faut, au moment de l'embauchage, déterminer le prix de l'heure, de la journée, de la quinzaine ou du mois.

S'il existe comme à Paris, par exemple, une série de prix, — toute proportion gardée suivant les régions — cette série pourra servir de base dans l'application à faire.

Mais comme nous l'avons dit plus haut, rien n'empêche pendant la période d'essai, de fixer un minimum. Ce minimum ne pourra descendre au-dessous de celui établi dans le chantier où travaille l'ouvrier.

De cette façon le salaire de l'ouvrier est toujours à l'abri du caprice et du hasard.

IV

RÈGLEMENTS D'ATELIERS ET DE CHANTIERS

LEUR AFFICHAGE

La formation du contrat de travail est évidemment, en général, du moins, une question de fait, et par là même, elle entraîne souvent des difficultés sur lesquelles nous ne pouvons pas nous appesantir, car les hypothèses sont multiples et demandent chacune un examen particulier où doivent seulement s'exercer la perspicacité et le bon sens pratique du juge; mais comme les diverses clauses du contrat de travail sont très fréquemment l'objet d'un règlement, il peut se faire qu'étant prouvé l'existence du contrat dans ses clauses principales, il y ait contestation sur d'autres clauses inscrites dans ce règlement, et alors se pose la question de savoir si l'affichage d'un règlement dans un atelier suffit à lui seul pour faire la loi des parties et rendre obligatoires pour chacune d'elles toutes les clauses qu'il comporte ; ou au contraire si ces clauses doivent faire l'objet d'une acceptation formelle de la part de l'ouvrier au moment de son entrée dans l'usine ?

Les clauses d'un règlement d'atelier peuvent être divisées en deux catégories distinctes.

Les unes, considérées comme unilatérales, sont celles qui sont l'œuvre du patron comme chef de son usine ; elles constituent l'ensemble des mesures qu'il croit devoir prendre pour l'organisation et la discipline du travail, les précautions contre les accidents, les moyens d'assurer la sécurité des travailleurs, la salubrité, le maintien des bonnes mœurs, les heures d'entrée et de sortie des ateliers, les jours et le mode de paiement des salaires, les amendes qu'il peut infliger à ceux qui y contreviennent, *toutes mesures enfin qu'il peut modifier à son gré* parce qu'elles dérivent du droit qu'il a d'être le maître chez lui, et dont la validité a été à maintes reprises consacrée par la jurisprudence (1).

Les autres sont celles qui fixent directement ou indirectement les salaires, dérogent à certaines coutumes ou à certains usages généralement suivis et acceptés comme loi par tous; elles comportent pour le patron et l'ouvrier des obligations réciproques, comme par exemple, l'usage adopté presque partout de ne pas rompre le contrat sans avertissement préalable.

Ces sortes de clauses qui constituent le contrat synallagmatique doivent faire l'objet de l'acceptation et du consentement formels des parties contractantes, et par cela même elles ne peuvent être modifiées que du consentement mutuel des deux parties.

Dans l'espèce qui a donné lieu à la question, l'ouvrier réclamait à son patron des dommages-intérêts pour renvoi sans congé préalable, et le patron, excipant du règlement de son usine portant suppression de tout délai de préavis, l'ouvrier prétendait qu'il n'avait eu connaissance ni du règlement ni de la clause invoquée, et *qu'en conséquence le contrat était régi par le droit commun et les usages.*

Le Conseil de Prud'hommes de Reims, dans un jugement du 20 janvier 1897, a décidé que le patron n'ayant pas donné connaissance de son règlement à l'ouvrier au moment de son entrée à l'usine, celui-ci n'avait point donné le consentement exigé par l'article 1108 pour la validité des conventions, que le contrat passé entre le patron et l'ouvrier s'était formé au moment même de l'entrée de l'ouvrier dans les ateliers, sous l'empire du droit commun et des usages, et que le patron n'était pas fondé à opposer une clause qui n'avait pas fait l'objet d'une acceptation formelle de la part de l'ouvrier.

Toute autre a été la décision du Tribunal de Commerce auquel la sentence des Prud'hommes a été déférée :

Sur le point de savoir si l'affichage des règlements d'atelier suffit pour les rendre opposables aux ouvriers d'une usine ou d'un chantier ; .

Attendu que ce mode de porter à la connaissance des ouvriers les conditions du travail est consacré à Reims par un usage constant ;

---

(1) Cass. 3o décembre 1852 et 12 décembre 1850. D. 53. 1. 45 et D. 54 1. 20. — Cass. 15 avril 1872. D. 72. 1. 176. — Cass. 7 août 1877. D. 78. 1. 384. — Cass. 14 février 1886. D. 66. 1. 84.

Que cet usage est même fortifié par la législation, puisque toutes les lois et tous les décrets se rapportant aux conditions du travail dans les manufactures prescrivent l'affichage de leur texte dans les ateliers.

Attendu d'ailleurs que le chef d'atelier ne peut pas faire un contrat spécial avec chaque ouvrier, mais qu'il offre à tous le travail aux mêmes conditions qu'il croit nécessaires ou utiles à la bonne marche de son entreprise et que l'ouvrier qui sollicite le travail peut accepter ou refuser ; que ces conditions qui constituent les règlements d'ateliers sont même susceptibles de modifications fréquentes par suite de changements soit dans la législation, soit dans la nature du travail ; que l'usage de procéder par affichage paraît être le seul qui soit compatible avec ces exigences ; qu'il appartient donc à l'ouvrier qui sollicite du travail dans un atelier de prendre connaissance des règlements et que, pourvu qu'il ait été mis à même de le faire par des affiches convenablement disposées, *il doit être présumé* avoir accepté toutes les clauses par le seul fait qu'il a accepté le travail offert.

Attendu que si cette acceptation tacite par l'ouvrier des clauses d'un contrat qu'il n'est pas appelé à discuter et qu'il peut être quelquefois obligé de subir, pressé qu'il est par le besoin de gagner sa vie, peut paraître excessive, il faut reconnaître que sa situation d'infériorité ne serait pas changée par ce seul fait qu'on aurait proposé à sa signature, à son entrée dans l'atelier, un contrat en bonne et due forme et que cette espèce de contrainte morale que peut subir l'ouvrier est singulièrement atténuée par la nature essentiellement précaire du contrat de louage de services, révocable à la volonté de l'une ou de l'autre des parties et qui lui permet de s'affranchir d'un contrat qui lui semble onéreux aussitôt que l'occasion s'en présente pour lui ;

Attendu que B., en acceptant le travail qui lui était offert chez M. et Cie, acceptation établie par son séjour d'environ un mois dans leur usine, l'a tacitement accepté avec toutes les conditions spéciales à cet établissement, dont il a été mis à même de prendre connaissance par l'affichage du règlement de l'usine, fait qui n'est pas dénié par lui ; que toutes les clauses de ce règlement lui sont donc opposables en tant qu'elles ne sont pas contraires aux lois ;

. . . .

Par ces motifs : Réformant le jugement du Conseil de Prud'hommes, etc.

Il ne nous appartient pas de critiquer l'une ou l'autre de ces décisions ; cependant nous ne pouvons pas ne pas les rapprocher d'un arrêt de la Cour de Cassation du 11 mai 1886, ainsi conçu :

Attendu que les patrons et les ouvriers peuvent, sans porter atteinte au principe d'ordre public, déroger aux usages locaux concernant les congés à donner soit par les patrons, soit par les ouvriers.

Attendu en fait que les sieurs Houel et Picard ont fait afficher dans les endroits les plus apparents de leurs ateliers un règlement portant une clause ainsi conçue : « Quel que soit le mode de paiement, les ouvriers de l'établissement ont le droit de faire établir leur compte à toute heure de la journée, et de s'en aller quand bon leur semblera ; les patrons, par réciprocité, peuvent les renvoyer à n'importe quelle heure de la journée. »

Attendu que des énumérations du jugement attaqué il résulte que le sieur Letellier *n'a accepté de travailler* dans les ateliers des sieurs Houel et Picard *qu'avec connaissance* de la clause ci-dessus énoncée.

Attendu que *le contrat ne s'étant formé que par l'accord intervenu* entre le patron et l'ouvrier, ce contrat doit être exécuté suivant les termes mêmes de la convention, que ces termes sont clairs, formels et non susceptibles d'interprétation ;

Attendu qu'en condamnant dans ces conditions les sieurs Houel et Picard à payer au sieur Letellier une somme de 22 francs pour la semaine de congé à laquelle celui-ci prétendait droit, le jugement attaqué a violé les articles de loi invoqués par le pourvoi.

Par ces motifs : Casse, etc.

Cet arrêt rendu antérieurement à la loi de 1890 fait une stricte application de l'article 1134 ; ce n'est pas sur ce point que notre attention a été éveillée, mais ce qu'il faut relever, ce sont les motifs donnés par les juges : « *L'ouvrier n'a accepté de travailler qu'avec connaissance de la clause... Le contrat s'est formé par l'accord intervenu* entre le patron et l'ouvrier...

La Cour de Cassation n'insiste-t-elle pas d'une façon toute spéciale, non équivoque et bien soulignée, sous différentes formes, sur ce point que la renonciation par les parties au délai-congé ne saurait résulter que d'une convention bien établie, c'est-à-dire du concours des volontés des parties au moment même de l'embauchage, et que c'est parce que ce concours de volontés à été complètement établi qu'elle infirme la décision des premiers juges ?

Nous pensons qu'il importe d'insister sur ces trois décisions dont deux se sont évidemment inspirées de la vérité légale : c'est le jugement des Prud'hommes de Reims et l'arrêt de la Cour suprême. La question est toute de fait ; de deux choses, l'une : ou l'une des parties prouve que le règlement a été accepté par l'ouvrier, ou bien elle ne peut pas le prouver. Si la preuve est établie le règlement devra être appliqué, et il n'y a pas de contestation possible, c'est ce que la Cour de Cassation a fait dans l'arrêt cité.

Si la preuve n'est pas faite par le patron d'une façon formelle, peut-il invoquer en faveur de sa prétention l'affichage du règlement et dire que l'ouvrier doit être présumé en avoir accepté toutes les clauses ? En un mot, le seul fait de l'affichage constitue-t-il une présomption que l'ouvrier a accepté le règlement ? La Cour de Cassation n'a pas encore statué sur ce point, mais nous croyons qu'elle devrait admettre la négative. Le Tribunal de Commerce de Reims, lui, a décidé, au contraire, que l'ouvrier devait être présumé avoir accepté le règlement. Le Conseil de Prud'hommes de Reims qui, lui, avait laissé au patron la charge de prouver que le règlement avait été accepté et qui avait estimé que cette preuve n'avait pas été établie, avait refusé d'admettre cette présomption, et nous pensons qu'il était dans la vérité légale.

Donc, en résumé, par son jugement du 20 janvier 1897, le Conseil de Prud'hommes de Reims a décidé qu'il ne suffit pas qu'un règlement soit affiché dans les ateliers ou chantiers pour qu'il fasse la loi des parties; il faut qu'il soit parfaitement établi qu'il a été connu et accepté de l'ouvrier au moment de l'embauchage, et qu'il ne contient aucune clause contraire à la loi ou aux usages ou *présentant un caractère abusif ou dolosif.*

Le Tribunal de commerce de Reims, comme nous l'avons dit, a infirmé cette décision et a déclaré, au contraire, que l'affichage, seul, d'un règlement suffit pour faire la loi des parties.

Et nous avons ajouté qu'un arrêt de la Cour de Cassation du 11 mars 1886 semble donner raison au Conseil de Prud'hommes, en basant sa décision sur ce fait que *l'ouvrier n'a accepté de travailler qu'avec connaissance du règlement et que le contrat s'est formé par l'accord intervenu entre le patron et l'ouvrier.*

Nous conseillons donc fortement de persévérer dans la jurisprudence du Conseil de Prud'hommes de Reims jusqu'à ce que la question soit tranchée définitivement par la Cour suprême.

Il faut faire remarquer qu'en rendant cette décision, le Conseil de Prud'hommes de Reims n'a pas entendu opposer au patron une véritable sujétion, ni mettre l'ouvrier dans le cas d'éprouver les ennuis d'un contrôle gênant; c'est au patron qu'il appartient de chercher le moyen de donner connaissance de son règlement à l'ouvrier et en même temps d'en conserver la preuve : affichage dans le Bureau où se fait l'engagement, carte d'admission portant les principales clauses du règlement, signature sur un livre spécial, etc., etc.

On évitera ainsi cette allégation souvent affirmée par des ouvriers, que le fait par eux de s'arrêter dans l'atelier un certain temps devant un règlement pour le lire attentivement, les faisait remarquer ou noter d'une manière défavorable, et devenait parfois la cause de leur renvoi.

Il peut se faire que l'ouvrier prétende que le règlement invoqué par le patron n'existe pas, ou tout au moins qu'il ne l'a pas vu. Dans ce cas, le Conseil peut déléguer deux de ses membres qui se transporteront immédiatement dans les ateliers, et apprécieront la valeur des prétentions des parties.

Au fond, c'est une question de fait et de bonne foi.

V

DU DÉLAI DE PRÉVENANCE

« Les patrons, d'accord avec leurs ouvriers, peuvent adopter tels » délais de prévenance qui leur conviennent.

» Dans le cas de brusque renvoi, alors que le préavis est prévu, la
» somme versée par celle des parties qui a rompu le contrat n'est pas
» proprement parler une indemnité, c'est la sanction d'un contrat légale-
» ment passé et l'exécution d'une clause par celui qui prétend tirer profit,
» en s'y dérobant. »

» En cas de différend, la partie lésée qui en donne la preuve, peut
» toujours demander une indemnité. Le Conseil la fixera conformément
» aux principes posés par la loi du 27 décembre 1890. A défaut de délais
» fixés à l'avance, on appliquera la huitaine, la quinzaine ou le mois,
» suivant les circonstances. »

(Décision prise, en assemblée générale, le 8 mars 1897), par le Conseil
de Prud'hommes de Reims.

Lorsque les parties ne peuvent fournir, ni par écrit, ni par témoins, la
preuve de leurs allégations en ce qui concerne soit le délai de prévenance,
soit son exécution, le Juge ne peut tenir compte de leurs allégations.
(Jugement du Conseil de Prud'hommes de Reims, 1er juin 1898.)

Dans les usines et chantiers où existe le délai de huitaine, soit en raison
des usages, soit en conséquence des règlements, si les deux parties ont eu
des torts réciproques, elles peuvent n'être pas tenues à la huitaine, ni l'une
ni l'autre, et le litige se résume par une indemnité en faveur de celle des
parties dont les torts ont été les moins grands et proportionnés au dommage qu'elle a éprouvé (1).

---

(1) Nous ne saurions trop engager les Présidents de Conseils de Prud'hommes à rechercher, réunir et publier les usages et les coutumes de leur Région.

Il pourrait être tenu compte, le cas échéant, de certains usages et coutumes non encore régulière-ment établis.

Il est aussi indispensable d'avoir sous les yeux le texte des usages et des coutumes de la Région que d'avoir le texte des lois.

Ces deux documents, l'un spécial à la Région. l'autre commun à toutes les juridictions prud'homales forment la véritable Jurisprudence de laquelle on ne doit s'écarter sous aucun prétexte.

Le délai de prévenance, délai-congé, ou simplement congé, est le temps qui court du jour où l'une des parties a signifié à l'autre qu'elle entendait rompre le contrat, au jour correspondant d'une semaine ultérieure; ce délai qui dure huit jours, quinze jours, un mois, trois mois, selon les usages et la nature des services engagés, constitue, dans le langage ordinaire *la huitaine*, *la quinzaine*, etc.. de congé, mais que doit-on entendre de ces mots *huitaine et quinzaine?* La semaine est de sept jours, mais le délai-congé donné un jour de la semaine expire le jour correspondant à la semaine qui suit ou de la seconde semaine, c'est-à-dire le huitième ou le quinzième jour, d'où les mots huitaine et quinzaine.

La semaine est de sept jours, dont un dimanche, c'est-à-dire un jour où généralement le travail est suspendu tout ou partie de la journée. La semaine de travail est donc de six jours. S'en suit-il que celui qui donne ou reçoit congé soit obligé de procurer ou de fournir du travail pendant six jours entiers et consécutifs; et, si un chômage ou un jour férié se produit pendant ces six jours, le temps ainsi perdu doit-il entrer en ligne de compte?

Pour répondre à ces questions, il faut d'abord examiner quel est le motif des délais-congé. — L'usage de Reims, veut que : « *Les patrons et ouvriers doivent se prévenir mutuellement huit jours avant le renvoi ou la sortie.* »

Il n'est donc question que du délai à l'expiration duquel aura lieu la séparation définitive. Et, en effet, c'est qu'il a pour but d'empêcher l'ouvrier de se trouver brusquement sans moyen d'existence, et, au contraire, de pouvoir pendant ce laps de temps, se procurer du travail ailleurs; et cela est si vrai, qu'il est accordé généralement à l'ouvrier deux heures par jour pour se procurer du travail; pendant ce même temps, le patron peut chercher un autre ouvrier, pour ne pas interrompre la marche de son atelier.

Et serait mal fondée la prétention de celui qui exigerait six jours de travail effectif. alors même que dans ces six jours se trouveraient des jours fériés ou des chômages forcés.

Parmi les ouvriers employés au mois, beaucoup prétendent que *le congé ne peut leur être donné qu'à la fin du mois, ou à une date correspondante à celle de leur entrée, et en cas de renvoi brusque, réclament le salaire du mois courant et d'un autre mois entier.*

Cette prétention est absolument contraire à l'esprit de la loi de 1890. Nous avons vu, en effet, qu'elle établit en principe que « le contrat peut toujours cesser par la volonté de l'un des contractants, et que l'indemnité à allouer, s'il y a lieu, est laissée à l'appréciation des juges.

Le législateur, en effet, a laissé à chacun sa liberté individuelle, il n'a pas voulu que les parties fussent liées l'une à l'autre contre leur volonté; il leur a permis de se séparer brusquement, et n'a point fixé de délai pour cette séparation. L'usage a déterminé certain laps de temps entre la dénonciation du contrat et la séparation définitive, c'est-à-dire la huitaine ou le mois, selon le cas, mais comme indication seulement, et sans qu'il puisse porter atteinte, en sa qualité d'usage, au principe posé par la loi.

La loi et l'usage se complètent l'un l'autre et toute prétention qui s'en écarte est arbitraire et doit être rejetée.

L'usage veut encore que pendant la huitaine, le maître laisse à l'ouvrier deux heures par jour pour se procurer du travail, et nous avons souvent vu des ouvriers réclamer le paiement de ces deux heures.

Le maître ne doit à l'ouvrier que le paiement du temps seulement qu'il passe à son service, quel que soit d'ailleurs son genre d'occupation; la nécessité pour l'ouvrier de chercher du travail, c'est-à-dire de passer un autre contrat, est le corollaire direct du droit de résiliation et des conséquences qu'il entraîne; et si on nous objecte le cas où c'est l'ouvrier qui est congédié, nous répondrons que dans le cas contraire, le patron subit également une perte par le fait de l'absence de l'ouvrier.

En cas de différend sur la fixation de ces deux heures, c'est aux juges qu'il appartient de les déterminer, en tenant compte de la nature de l'emploi et de la nature du travail.

VI

LES OUVRIERS A TITRE DE SUPPLÉMENTAIRES ET DE REMPLAÇANTS

Dans un atelier, chantier, etc., il y a lieu de faire une distinction entre les ouvriers embauchés à titre de SUPPLÉMENTAIRES et ceux à titre de REMPLAÇANTS.

L'OUVRIER A TITRE DE SUPPLÉMENTAIRE est embauché pour un travail bien déterminé, soit que des travaux pressés exigent un personnel plus nombreux, soit que des difficultés de production nécessitent un plus grand nombre de personnes pour faire ce travail.

Cet ouvrier n'apportant qu'un concours momentané n'a droit à aucun délai de prévenance et il n'en doit aucun à son patron.

Mais un ouvrier ne peut être considéré comme supplémentaire que pendant un délai déterminé, sans cela, il serait toujours facile de tourner la loi qui impose réciproquement des délais de prévenance.

Le Conseil de Prud'hommes de Reims a fixé, dans un jugement rendu le 30 mars 1898, ce délai à un mois, maximum, époque après laquelle l'ouvrier est soumis comme les autres ouvriers, soit au droit commun, soit à la règle spéciale de l'atelier ou du chantier dans lequel il travaille.

L'OUVRIER REMPLAÇANT tient, au contraire, les lieu et place de l'ouvrier absent pour cause de maladie ou d'absence régulièrement autorisée. Il est soumis au droit commun ou à la règle spéciale de la maison dans laquelle il travaille comme les autres ouvriers jusqu'au retour de celui qu'il remplace.

La difficulté est de savoir s'il a droit à un congé de huitaine ou autre, en cas de départ avant le retour de l'ouvrier remplacé. C'est au Conseil qu'il appartient de prendre une décision suivant les cas multiples qui peuvent se présenter.

En principe, jusqu'au retour précis de l'ouvrier remplacé — qui d'ailleurs peut-être quelquefois très longtemps absent — nous n'hésitons pas à dire qu'il est placé dans les mêmes conditions que les autres ouvriers de la maison, avec cette restriction que s'il était entré en congé de huitaine au moment même du retour de l'ouvrier qu'il remplaçait, *il cesserait séance tenante d'avoir droit aux journées* qui resteraient à faire pour arriver à l'expiration du délai de prévenance.

Cependant, le Conseil de Prud'hommes de Reims, a décidé, en assemblée générale, le 27 mai 1898, qu'un ouvrier après un mois de présence aurait droit à trois jours de prévenance ou à trois journées d'indemnité. En conséquence, l'ouvrier absent depuis un mois, doit faire connaître à son patron la date de son retour, au moins quatre jours à l'avance. Dans le cas où il ne le ferait pas, il serait tenu de retarder sa rentrée de trois jours ou de tenir compte à son remplaçant de trois journées complètes de travail.

LE REMPLAÇANT

Commentaires. — L'ouvrier *Remplaçant* peut être choisi soit parmi les ouvriers occupés à un autre emploi dans l'usine ou le chantier, soit parmi ceux du dehors qui se présentent pour être embauchés.

Dans les deux cas, il est toujours bien entendu que le *Remplaçant* doit, pendant une période d'essai, prouver que, par son habileté et ses capacités, il peut réellement prendre les lieu et place de l'*absent*.

En supposant que l'ouvrier qui faisait déjà — dans un autre emploi — partie de la maison, ne donne pas satisfaction au patron, il y a lieu de déterminer si c'est l'ouvrier qui a sollicité la place ou si c'est le patron qui l'a proposée à l'ouvrier. Il peut résulter de cet examen certains enseignements qui permettront au Juge de mieux règler, suivant les cas, ses appréciations sur les dommages-intérêts à accorder, s'il en est dû.

Si c'est un ouvrier du *dehors* qui est embauché comme *Remplaçant*, il est, comme tous les autres ouvriers, soumis à une période d'essai, époque après laquelle il jouit du *droit commun*; si ce n'est qu'il doit disparaître, séance tenante, lorsque l'*absent* opère sa rentrée dans le chantier ou à l'atelier.

Une question se pose cependant. Un ouvrier peut-il être plusieurs fois de suite *remplaçant* d'ouvriers *absents* sans jamais devenir titulaire dans la maison.

Oui, évidemment. Un patron peut parfaitement accepter un ouvrier à titre de *remplaçant* et n'en pas vouloir à titre de *titulaire*; et cet ouvrier peut quelquefois remplacer pendant un an différents ouvriers dans différentes catégories. Mais il est alors censé faire chaque fois un nouveau contrat avec son patron.

Il peut cependant en être jugé autrement si le Juge reconnaît qu'un ouvrier, n'ayant pas de contrat, clair et précis, est plutôt un homme *à tout faire* et remplaçant en cas de besoin.

« En résumé, un *remplaçant* — après une période d'essai régulière — » tient les lieu et place de l'absent et jouit du droit commun comme ce » dernier, avec cette restriction qu'il disparaît aussitôt sa rentrée. Un » ouvrier qui fait des remplacements successifs fait tacitement avec le » patron, des contrats successifs et il est soumis à la règle commune établie » par la situation de la dernière personne qu'il remplace. »

VII

RUPTURE MOTIVÉE DU CONTRAT DE LOUAGE DE TRAVAIL

« Les manquements aux engagements pris, les violences, les injures, » les menaces autorisent la rupture immédiate du contrat sans indemnité. » Cependant l'appréciation de ces faits appartient au Conseil. Celle des » parties qui a ainsi provoqué cette rupture peut être l'objet d'une action » civile en dommages-intérêts, et, en outre, selon le cas, d'une action » pénale. »

Nous ne nous étendrons pas longuement sur les motifs qui peuvent légitimer LA RUPTURE DU CONTRAT avec ou sans dommages-intérêts.

Il nous suffira de dire, qu'en principe, toute situation nouvelle et contraire aux termes du contrat, amenée par l'une des parties contractantes peut autoriser celle qui en est la victime à reprendre sa liberté, à la condition toutefois qu'elle n'ait rien fait de son côté qui puisse justifier la mesure prise contre elle.

Si le premier contractant justifie par ses actes personnels la rupture du contrat et souvent, en outre, une demande de dommages-intérêts, le second doit bien se garder d'user de représailles et agir avec une très grande prudence pour éviter une double condamnation. Les torts de l'un ne légitiment pas ceux de l'autre, ils peuvent tout au plus les atténuer. Le second doit réclamer amiablement ce que son droit lui confère, et, en cas de refus, s'adresser à la justice.

Mille causes peuvent provoquer la rupture d'un contrat ; nous ne nous permettrons pas, en conséquence, de nous écarter de la donnée générale. Mais on peut dire qu'elles sont toutes fournies, soit :

1º Par le manquement aux engagements pris sous toutes leurs formes ;

2º Par le vol, les injures, les violences, l'insubordination, le mauvais travail, l'infraction aux règlements ;

3º Par les modifications apportées dans une situation bien déterminée dans le contrat en termes clairs et précis, et dont le but peut amener des résultats contraires à l'esprit de ce contrat.

En un mot par tout ce qui peut porter un préjudice quelconque aux intérêts pécuniaires et même moraux de l'une des parties contractantes.

Les manquements aux engagements pris doivent avoir un certain caractère de gravité. Tel serait le fait d'un ouvrier divulguant un procédé particulier de fabrication ; celui d'un mécanicien ou chauffeur abandonnant sa machine ou faisant preuve d'une incapacité de nature à occasionner des accidents ; les absences sans motifs légitimes ; l'ignorance ou l'incompétence dans des travaux pour lesquels un ouvrier se serait engagé ; le vol, la perte ou la destruction volontaire de matières mises en œuvre ; la soustraction de ces mêmes matières ; la détérioration volontaire de matières quelconques confiées ou non confiées à la surveillance de l'ouvrier ; les paroles ou les actes qui peuvent être une cause de désordre ou de scandale dans l'atelier. Les violences, les injures et les menaces, lorsqu'elles n'ont pas fait l'objet d'une provocation, autorisent également la brusque rupture du contrat, lorsqu'elles auront été suffisamment établies.

VIII

DOMMAGES-INTÉRÊTS

« Les dommages-intérêts, s'il en est dû, pour brusque rupture de
» contrat, sont déterminés par le Conseil qui prend en considération les
» différentes circonstances de la cause, ainsi que l'édicte le nouvel
» article 1780.

» L'ouvrier, dont le travail défectueux est de nature à causer préjudice
» à son patron, doit à celui-ci, qu'il soit ou non immédiatement congédié,
» une indemnité en raison de ce préjudice.

» C'est au Conseil qu'il appartient de déterminer le montant de l'in-
» demnité, en tenant compte des circonstances particulières de la cause,
» si les parties ne peuvent tomber d'accord sur ce point. »

(Décision prise dans l'Assemblée du 8 mars 1893, par le Conseil de Prud'hommes de Reims.)

*Tout dommage quelconque de l'homme qui cause à autrui un dom-
mage, oblige celui par le fait duquel il est arrivé, à le réparer.*

*Chacun est responsable du dommage qu'il a causé, non seulement
par son fait, mais encore par sa négligence ou par son imprudence.*

Tels sont les principes posés par les articles 1382 et 1383 du
Code civil.

Et cependant nous voyons journellement l'ouvrier émettre et poser en
principe cette prétention qu'il n'est pas responsable du dommage qu'il
peut causer au maître par suite de malfaçons dans son travail.

L'ouvrier qui accepte de faire un travail quelconque s'engage par le
fait de son acceptation à le bien exécuter; il ne peut arguer des difficultés
qu'il présente, encore moins de son inhabileté; la mauvaise qualité des
matières, les défauts dans les machines peuvent seuls le dégager de cette
responsabilité, et dans ce cas il doit en prévenir le maître ou le chef du
chantier ou de l'atelier.

Il appuie sa prétention sur la présence de ces derniers, sous la surveillance desquels il est placé et qui, selon lui, doivent l'arrêter s'il fait
mal; c'est dans cette prétention que gît l'erreur de l'ouvrier. Le contremaître, en effet, qui a souvent sous ses ordres une centaine et plus
d'ouvriers, ne peut exercer sur chacun d'eux une surveillance efficace ;
cette surveillance est générale, l'ouvrier n'est point un apprenti ; le contremaître doit donner des indications, des renseignements, des conseils
à ceux qui les lui demandent, il peut également faire des observations
lorsqu'il y a lieu, mais sa présence ne peut dégager complètement
l'ouvrier de la responsabilité de la bonne exécution de son travail,

ni le dispenser du devoir d'y apporter toute l'attention et les soins nécessaires.

Est-ce à dire que cette responsabilité doive être appliquée pécuniairement dans toute son étendue ? En principe, la réponse doit être affirmative. En fait, l'application de ce principe nous paraît d'une rigueur excessive, souvent même elle serait impossible; il arrive en effet fréquemment que la malfaçon cause au patron un dommage supérieur au salaire qu'en a retiré l'ouvrier et il serait vraiment inhumain de priver tout à la fois ce dernier de ce salaire et de lui demander une indemnité. C'est donc par une retenue d'une partie seulement de ce salaire que l'ouvrier sera puni de son inattention ou de sa négligence.

Les malfaçons donnent naissance encore à un autre préjugé chez les ouvriers tisseurs, par exemple.

Dans la plupart des établissements de tissage il existe des règlements édictant des amendes à raison des défauts qui peuvent se produire dans le cours du travail et relevés alors que la pièce est *descendue du métier* par un employé ordinairement chargé de ce service spécial, tels que *traces, mésentrées, grils, culottes,* etc.

Au moment du *règlement,* l'ouvrier se voit appliquer, sous forme de retenue sur son salaire, des amendes qui absorbent parfois la totalité de la façon, encore qu'elles ne représentent pas la valeur du dommage causé, c'est alors que l'ouvrier prétend pouvoir se dispenser de *payer les amendes* en quittant immédiatement l'atelier. Il lui semble qu'il peut établir une compensation entre le préjudice qu'il a causé et celui qu'il se cause à lui-même en se privant volontairement de travail. Ce raisonnement est complètement faux; non seulement le tort qu'il se cause ne peut réparer le tort qu'il cause à son maître, mais il aggrave encore sa situation *en rompant brusquement son contrat;* la rupture ne peut être demandée que par le patron si le tort causé est suffisamment grave pour la justifier. C'est au juge conciliateur qu'il appartient de chercher le terrain sur lequel l'entente peut se faire et d'employer les moyens équitables pour y parvenir.

Nous disons juge conciliateur, car les Conseils de prud'hommes, les Juges de paix, qu'on appelle Tribunaux d'exception, ont d'abord la mission de chercher à concilier les parties, ils sont un Tribunal de famille qui reste étranger aux formes de la procédure, aux subtilités de loi et dont les seules règles sont la morale et l'équité.

Mais si les parties n'écoutent pas leurs conseils, si elles rendent leur rôle de conciliateur impossible, ce même Tribunal de famille se transformera, la loi seule deviendra sa règle et il l'appliquera dans toute son étendue, dans toute sa rigueur.

C. PRUD'HOMMES.

En ce qui touche l'indemnité *pour brusque rupture de contrat,* les Conseillers prud'hommes, en raison de leurs aptitudes spéciales, sont parfaitement en situation pour juger équitablement l'étendue du préjudice causé et trouver des éléments d'appréciation dans la nature du travail et les usages qu'ils connaissent, et dans les différentes circonstances de la cause. Si le procès a pour objet une amende ou une retenue de salaire pour malfaçons, dégradations ou perte de matières, on se trouve comme nous l'avons dit plus haut, en présence des dispositions de l'article 1382 du Code civil qui édicte que : « Tout fait quelconque de l'homme » causant à autrui un dommage, oblige celui par le fait duquel il est » arrivé à le réparer. » Qu'on nous excuse de donner encore quelques explications.

Cette disposition, toute de droit commun, conforme à tous les principes de la morale la plus simple, peut recevoir son application dans toute sa rigueur dans les conditions ordinaires de la vie sociale; elle paraît de prime abord devoir être également appliquée à l'ouvrier qui par la défectuosité de son travail a pu causer préjudice à son patron. Cependant il faut examiner la situation particulière de chacun d'eux; et si l'on compare le préjudice causé au patron dans sa fortune, et l'indemnité qu'aura à payer l'ouvrier, indemnité qui, si on applique cet article 1382 dans toute sa sévérité, absorbera non seulement la totalité du salaire acquis, seule ressource de l'ouvrier, mais encore le salaire à venir, on comprendra qu'il y a une disproportion énorme entre le préjudice réellement éprouvé, et la réparation de ce préjudice; et on est forcément amené à reconnaître que l'indemnité à allouer ne doit pas, autant que possible, absorber la totalité du salaire dû à l'ouvrier. Dans ces conditions, une légère retenue et dans les cas d'une certaine gravité, le renvoi immédiat seront pour l'ouvrier une punition suffisante de sa négligence dans le travail. Il y a lieu de remarquer d'ailleurs que le litige ne repose pas toujours sur le montant de l'indemnité, mais sur le *principe* même de l'indemnité, et que souvent le patron se tient pour satisfait si la réclamation est jugée fondée en principe.

Dans le cas où le dommage causé prendrait le caractère même de délit ou de quasi-délit, la gravité du fait ne serait pas, par elle-même, une raison suffisante pour autoriser une retenue du salaire total, la partie lésée ayant la faculté de se pourvoir devant des Tribunaux répressifs.

Le patron en employant un ouvrier incapable sait qu'il court des risques dont il est le propre assureur. Il n'ignore pas que le salaire de l'ouvrier n'est rien en comparaison de la valeur de la marchandise qui lui est confiée. Les dommages-intérêts auxquels l'ouvrier peut être condamné n'ont d'autre but, comme nous l'avons dit plus haut, que d'établir un principe. Cette condamnation a l'avantage, en même temps qu'elle punit légèrement le coupable, de prévenir les autres ouvriers qu'ils doivent apporter la plus grande attention au travail dont ils ont la responsabilité. Lorsque le Conseiller prud'homme va rendre la justice, son véritable rôle consiste à devenir l'avocat de l'ouvrier. C'est à ce moment que ce rôle devient encore plus beau, car sa mission est réellement élevée lorsqu'il sollicite pour celui qui ne le peut pas.

IX

DU MARCHANDAGE

Le marchandage est un contrat de sous-entreprise, c'est-à-dire l'acte par lequel un entrepreneur rétrocède à une ou plusieurs personnes totalité ou partie des marchés de travaux qu'il a entrepris; cette convention, à cause des abus volontaires ou des conséquences imprévues auxquelles elle a donné lieu, a fait perdre de vue, surtout aux ouvriers, son utilité économique qui, en principe, n'est pas niable. Le marchandage facilite aux travailleurs intelligents et munis d'un petit pécule l'accès du patronat en leur permettant de faire fructifier un modeste capital et les habitudes d'initiative que doit posséder un patron; c'est pour eux une école et un moyen d'arriver peu à peu à la situation d'entrepreneur général. Mais tout début est difficile et plein de dangers; et il est arrivé souvent que ce modeste entrepreneur, ce tâcheron, soit qu'il ait trop présumé de ses forces, soit qu'il ait été surpris par des événements imprévus (hausse de salaires), il est arrivé souvent qu'il n'a pas mené l'entreprise à bonne fin, parce qu'il a mal établi sa combinaison ou que les événements en ont détruit l'équilibre. Et alors, comme son pécule a été englouti dans les avances qu'il a faites, comme toute autre garantie fait défaut, il n'est pas le seul lésé; les camarades qui lui ont fait crédit de leur travail, volontairement ou non, perdent les salaires des journées fournies. L'entrepreneur général n'est tenu que pour la valeur des travaux exécutés par le tâcheron et au prix primitivement convenu avec lui, ce qui peut être insuffisant pour désintéresser les ouvriers, et ceux-ci n'ont plus de recours contre personne. De là des colères contre la possibilité d'un tel contrat, et pour tous, naturellement, des soupçons contre la loyauté des entrepreneurs généraux, enfin la conviction que cette convention est un moyen d'exploitation des travailleurs, que c'est un indigne marchandage. Aussi sont-ce ces conséquences malheureuses et qui, d'ailleurs, peuvent se produire dans l'hypothèse du marché non rétrocédé, qui ont inspiré au gouvernement provisoire de 1848 le décret du 2 mars 1848 qui porte : « L'exploitation

des ouvriers par des sous-entrepreneurs, ou marchandage est abolie. »
Mais on est d'accord aujourd'hui pour estimer que ce décret a été aboli
implicitement par le vote de la constitution de 1848 proclamant le principe
de la liberté du travail et de l'industrie. Cependant des ouvriers, en 1888,
réclamèrent l'application du décret de 1848, en demandant à l'entrepreneur
général une augmentation de salaire; celui-ci répondit qu'il n'avait aucun
contrat avec eux, et qu'ils eussent à s'adresser directement à celui qui les
avait embauchés; il s'ensuivit un procès devant le Conseil de prud'hommes
de la Seine, qui, après débat contradictoire, repoussa la prétention des
ouvriers et reconnut l'utilité économique de cette sorte de convention.

Quoiqu'il en soit les abus et les conséquences malheureuses du
marchandage se présentent assez fréquemment et il donne lieu à des
procès non seulement nombreux, mais hérissés de difficultés et dont la
solution satisfait rarement le juge lui-même.

Donc, derrière les grands entrepreneurs qui soumissionnent les travaux
importants de construction ou les créent eux-mêmes, il existe une quantité
considérable d'entrepreneurs de second ordre, marchandeurs, tâcherons,
simples ouvriers même, auxquels les premiers concèdent l'exécution de
travaux de nature différente, tels que les terrassements, la couverture, la
charpente, la taille des pierres, la pose des parquets, etc.

Cette sous-entreprise se fait quelquefois verbalement, mais le plus
communément au moyen d'un contrat écrit que le Code appelle
« Marché ».

Ecrit, discuté à l'avance, le marché fait la loi des parties ; malheureusement le sous-entrepreneur n'a pas toujours compris la nature et
l'étendue des engagements qu'il a pris — loin de nous toute pensée de
suspicion à l'égard de l'honorabilité et de la bonne foi de l'entrepreneur, —
mais le tâcheron n'a le plus souvent ni l'instruction, ni les capacités
techniques nécessaires pour déterminer d'avance les prix auxquels il peut
sous-entreprendre. Il engage des ouvriers, commence les travaux et ne
tarde pas à s'apercevoir qu'il s'est trompé. C'est alors que s'ouvre l'ère
des difficultés : il n'a point fait de prix avec ses ouvriers, souvent ses
camarades de travail dans d'autres circonstances ; il n'est payé de l'entrepreneur principal qu'au fur et à mesure de la bonne exécution des travaux
et de la réception par l'architecte. Pour éviter une perte, il cherche, suivant
le terme vulgaire, à *se rattraper* par tous les moyens ; il se sert de matériaux de moins bonne qualité, emploie ses ouvriers tantôt à l'heure, tantôt
à la tâche, suivant que tel ou tel mode lui paraît le plus profitable, ne les
paie que par acompte et souvent seulement sur des réclamations succes-
sives.

En présence de malfaçons, l'entrepreneur principal arrête les paiements, et le tâcheron n'ayant plus de ressources personnelles suffisantes, le simple ouvrier n'est point payé.

Mais à l'achèvement des travaux les difficultés prennent de plus grandes proportions. Il arrive que le tâcheron, au moyen des acomptes qu'il a reçus, a été payé de tout ce qui lui est dû, parfois même il a reçu davantage. Il n'a plus rien à donner à ses ouvriers, de longs jours se sont passés, quelquefois plusieurs mois, sans qu'aucun compte ait jamais été arrêté ; de là des discussions interminables sur le prix et le nombre des heures de travail, sur la partie de tels ou tels travaux exécutés à l'heure ou à la tâche, laissant dans le plus grand embarras le juge auquel il n'est fourni que des allégations contradictoires, appuyées sur des documents informes.

Et le plus souvent le simple ouvrier est la victime ou de l'incapacité ou de l'insolvabilité du sous-traitant.

Quel est le remède à apporter à un état de choses aussi regrettable ?

Quelle peut être la responsabilité de l'entrepreneur principal ; quels sont ses devoirs ?

Un seul texte, l'article 1798 du Code civil, nous renseigne à ce sujet.

Si, en effet, il ressort de l'ensemble des dispositions du décret du 26 pluviôse, an II, que seuls, parmi les créanciers de l'entrepreneur, les ouvriers peuvent prétendre aux sommes dues à ce dernier pour avoir paiement de leur salaire, ce décret ne vise que les travaux publics.

Le législateur a voulu créer une sorte de privilège en faveur des ouvriers qui ont travaillé pour le compte de l'Etat.

Il en est de même de la loi des 25-29 juillet 1891 qui a étendu les dispositions du décret de pluviôse aux travaux exécutés pour les départements, communes et établissements publics. Les textes spéciaux laissent de côté, comme on le voit, les travaux exécutés pour le compte des particuliers.

Il faut donc bien, en ce qui les concerne, en revenir à l'article 1798.

Aux termes de cet article, la responsabilité de celui qui fait construire n'est engagée, envers les maçons, charpentiers et autres ouvriers employés à la construction d'un bâtiment ou d'autres ouvrages faits à l'entreprise, que jusqu'à concurrence des sommes dont il se trouve débiteur envers l'entrepreneur au moment où l'action est intentée.

On est tout à fait d'accord pour reconnaître que ce texte accorde aux ouvriers l'avantage d'une action directe et personnelle contre celui qui fait construire.

Mais il est certain que cette action reste limitée aux sommes par lui dues à l'entrepreneur au moment où elle est intentée.

Telles sont les dispositions du texte qui, à défaut d'autre et par analogie, doit être appliqué à notre espèce.

Aussi a-t-il été décidé que l'ouvrier engagé par un sous-traitant n'avait d'action contre l'entrepreneur principal que jusqu'à concurrence des sommes dues par celui-ci à ce sous-traitant. (Cassation, 27 avril 1863. — Tribunal de Commerce, Seine, 9 août 1892.)

Il a été décidé aussi que l'entrepreneur général qui, au cours des travaux, avait versé des acomptes aux ouvriers, était, de ce fait, directement engagé envers eux pour le surplus de ces travaux.

Toutefois, cette doctrine n'est pas consacrée d'une manière uniforme par la jurisprudence.

Certains Conseils de prud'hommes ont décidé que l'ouvrier n'a d'action que contre l'entrepreneur général, le sous-traitant ou tâcheron n'étant considéré que comme son préposé ; d'autres se réservent le droit d'examiner s'il y a eu abus ou exploitation des ouvriers par le sous-traitant.

A nous, il nous a souvent été donné de constater qu'en s'engageant avec le sous-traitant, l'ouvrier, sans arrière-pensée, compte entièrement dépendre de lui — puisqu'il ne connait que lui — dans sa bonne comme dans sa mauvaise fortune, et que ce n'est que par suite de difficultés imprévues avec ce sous-traitant ou tâcheron qu'il s'adresse, comme suprême ressource, sans être bien convaincu de son droit, à l'entrepreneur général.

Celui-ci, le plus souvent, décline toute responsabilité étant lui-même, la plupart du temps, libéré vis-à-vis de son sous-traitant.

Aussi, en raison de ces divergences, est-il du devoir de l'entrepreneur de prendre des mesures de nature à éviter toutes difficultés ultérieures.

Travail dit salaire, rémunération, et aujourd'hui que les relations entre le travail et le capital sont plus que jamais à l'ordre du jour, aujourd'hui que l'ouvrier a pris dans la Société une place égale pour tous, et que cependant il se trouve dans un état d'infériorité relative parce qu'il attend de son travail journalier les ressources nécessaires à sa vie et à celle de sa famille, il doit compter sur la bienveillance et la sollicitude de celui-là qui possède le capital et pour lequel il n'épargne ni son temps, ni ses labeurs ; l'entrepreneur général fera donc œuvre de moralité, d'équité, il accomplira véritablement son devoir s'il veille par lui-même à ce que les ouvriers employés à ses travaux touchent le plus régulièrement possible les salaires qui leur sont dus ; il examinera et cherchera à prévenir au besoin les difficultés qui peuvent naître entre ces ouvriers et le sous-traitant, en surveillant les travaux ou en les faisant surveiller pour son compte, en examinant les conditions acceptées par les ouvriers, en les aidant de son expérience et de ses conseils, au besoin en se faisant leur propre défenseur.

Il aura ainsi rempli le devoir naturel qui commande à tous les membres d'une même Société de s'entr'aider mutuellement ; qui ordonne au plus fort de protéger le plus faible, qui prescrit au maître de faire régner chez lui et dans son usine l'esprit de justice et de bonté, l'esprit d'ordre, l'esprit de famille sans lesquels il n'est pour le travail ni moralité, ni succès.

Depuis la première édition de cet ouvrage, il est intervenu sur la question du marchandage un jugement du Tribunal correctionnel de la Seine du 9 avril 1897 et un arrêt de la Cour de Paris du 9 juillet 1897, rendu sur appel de ce jugement, que nous ne pouvons passer sous silence (1). C'est la première fois d'ailleurs que la juridiction correctionnelle avait à appliquer les décrets de 1848 qui prohibent le marchandage.

Le Tribunal de la Seine et la Cour de Paris ont posé les principes suivants que nous ne discuterons pas et à propos desquels la doctrine a soulevé d'assez fortes objections.

1º Les dispositions du décret du 2 mars 1848 abolissant le marchandage, et celles de l'arrêté du 21 mars 1848 sanctionnant cette abolition par des peines correctionnelles, sont encore en vigueur.

2º Mais ces dispositions ne prohibent pas tout contrat de sous-entreprise passé entre un entrepreneur général et des tâcherons ouvriers ; elles n'atteignent que les abus dont ce contrat peut être vicié, notamment la collusion entre l'entrepreneur et le sous-traitant, ou tout acte dolosif de l'un ou de l'autre dont le but serait d'entraîner une déduction exagérée du prix du travail, et d'exposer les ouvriers aux dangers de l'infidélité ou de l'insolvabilité du marchandeur dans le règlement de leur paie.

3º Lorsque le délit de marchandage résulte d'une collusion entre le tâcheron et l'entrepreneur principal, ce dernier peut être poursuivi comme complice, dans les termes du droit commun.

X

Le congé (2) peut être donné à toute heure de la journée, et à tel jour de la semaine ou du mois, sans qu'il soit besoin de tenir

---

(1) Voir pour de plus amples renseignements D. 97. 2, 401 et s., avec la Note.
(2) Le Conseil de prud'hommes de Reims exige les preuves de la prévenance soit par écrit soit par témoins. (Jugement du 1er juin 1898.)

compte de l'époque de l'engagement ou du mode de paiement des salaires.

L'usage accorde à l'ouvrier pendant le temps du délai-congé deux heures par jour pour chercher du travail ; mais il n'a droit à aucun salaire pendant ces deux heures.

Chacun est responsable du dommage qu'il a causé par son fait, son imprudence ou sa négligence.

La présence d'un contremaître peut atténuer la responsabilité de l'ouvrier, mais ne l'en dégage pas complètement.

Les malfaçons produites par un ouvrier ne le dispensent pas de l'exécution de ses autres obligations, et c'est à tort qu'il prétend parfois pouvoir se dispenser de payer une amende ou de subir une retenue sur son salaire en quittant immédiatement l'atelier.

C'est à tort que beaucoup d'ouvriers pensent que l'indemnité qui peut leur être due pour brusque rupture du contrat doit être basée sur le mode de paiement de leurs salaires, huitaine, quinzaine ou mois ; cette indemnité est déterminée d'après la nature de l'emploi, la durée des fonctions, etc. (*Art. 1er de la loi du 27 décembre 1890*).

L'ouvrier tisseur congédié alors que sa pièce est en cours de fabrication, n'a pas le droit de couper cette pièce pour faire établir le compte net qui lui est dû. Il ne peut que faire une marque, demander un acompte approximatif, et attendre pour le règlement définitif, que la pièce soit complètement terminée. Nous citons un exemple entre mille, il doit en être de même dans tout travail dont le salaire ne pourra être déterminé que lorsqu'il sera complètement achevé par un autre ouvrier.

LES GRÈVES OU ·COALITIONS

ET LA

RUPTURE DU CONTRAT DE LOUAGE DE TRAVAIL

—————

Jusqu'en 1864, dans l'intérêt de la liberté de l'industrie, de la liberté du patron et des ouvriers, la loi avait prohibé les coalitions qui ont pour but d'imposer aux uns et aux autres des conditions de travail plus ou moins onéreuses, et elle les qualifiait de *délit*.

Une loi du 2 mars 1791 abolissait les maîtrises et les jurandes ; le 14 juin suivant des dispositions pénales étaient édictées contre les patrons et les ouvriers qui formaient des coalitions pour faire augmenter ou diminuer le prix de la journée ; enfin le Code pénal, définissant les délits, détermina leur pénalité.

En 1849, l'Assemblée législative, après de longues discussions, fut presque unanime à reconnaître que les coalitions devaient continuer à être punies comme ayant pour effet d'être contraires à la liberté du commerce, de l'industrie ou du travail, et le 27 novembre modifiant les articles 414, 415 et 416 du Code pénal, elle édictait :

1º La peine d'emprisonnement de six jours à trois mois et une amende de 16 fr. à 300 fr. contre tous patrons ou ouvriers convaincus de s'être coalisés pour forcer l'abaissement ou l'augmentation des salaires, pour faire cesser ou interdire le travail, pour empêcher de s'y rendre, et en général, pour suspendre, empêcher, enchérir les travaux, s'il y avait tentative ou commencement d'exécution, et contre les chefs ou moteurs..., un emprisonnement de deux à cinq ans ; 2º Les mêmes peines contre les directeurs d'ateliers, entrepreneurs d'ouvrages et ouvriers, qui, de concert, auraient prononcé des amendes, interdictions, prescriptions, sous quelque qualification que ce puisse être, soit de la part des patrons contre les ouvriers, soit de la part de ceux-ci contre les premiers, soit les uns contre les autres.

La loi du 25 mai 1864 modifia de nouveau ces mêmes articles 414, 415, 416 en ce sens que les peines édictées par le législateur de 1849 ne s'appliquent aujourd'hui qu'à ceux qui, *à l'aide de violences, menaces, voies de fait, manœuvres frauduleuses, auraient amené ou maintenu une cessation concertée de travail, ayant pour but de forcer la hausse ou la baisse des salaires et de porter atteinte au libre exercice de l'industrie ou du travail. Elle frappe également de la peine d'emprisonnement et d'une amende, ou de l'une des deux seulement, tous ouvriers, patrons ou entrepreneurs d'ouvrages qui, à l'aide d'amendes, défenses, prescriptions, interdictions prononcées par suite d'un plan concerté auront pu porter atteinte au libre exercice de l'industrie ou du travail.*

Cette loi du 25 mai 1864 est toujours en vigueur.

On voit quelle différence existe entre la loi de 1849 et celle de 1864. Dans la première, la coalition constituait par elle-même un fait délictueux ; dans la seconde, pour revêtir ce même caractère délictueux, la coalition doit être accompagnée de violences, etc.

Il résulte donc de la législation actuelle que la coalition est permise en tant qu'elle réside dans ce fait qu'un certain nombre de patrons et ouvriers se réunissent pour demander ou proposer des modifications au mode de travail ou aux salaires jusqu'alors acceptés par les uns et les autres et qu'elle est exempte de moyens violents ou de manœuvres frauduleuses.

Mais on voit également que les législateurs de 1791, de 1849 et de 1864 ne se sont occupés des coalitions ou grèves que dans leur caractère exclusivement criminel ; qu'ils sont restés muets sur les conséquences qu'elles peuvent avoir civilement, c'est-à-dire sur les contrats civils qui lient les patrons aux ouvriers et sur les obligations qui en dérivent, et qu'ils n'ont entendu abroger aucune des dispositions du Code civil contenues au titre des Contrats et Obligations.

C'est donc à tort que beaucoup d'ouvriers ont prétendu et prétendent encore que la grève étant licite, ils sont affranchis des diverses obligations de leur contrat et notamment de celle de donner congé.

La loi de 1864 n'a apporté aucune modification à l'exécution des engagements respectifs des patrons et des ouvriers, résultant soit de conventions formelles, soit de règlements d'atelier, soit enfin des usages locaux. Admettre la prétention que nous venons de rappeler serait violer ouvertement les dispositions du Code civil et notamment la loi du 27 décembre 1890, qui, préparée et discutée alors que de nombreuses grèves éclataient simultanément sur différents points de la France et devaient appeler sur ce détail l'attention des législateurs, édicte que la brusque rupture du contrat par le fait de l'un des contractants peut donner lieu à des dommages-intérêts, sans s'arrêter aux causes qui peuvent la provoquer et par conséquent sans en légitimer aucune, mais en laissant aux tribunaux le soin d'apprécier et de déterminer l'étendue du dommage causé.

C'est dans ce sens du reste que se sont prononcés plusieurs tribunaux, notamment le Tribunal de commerce de Tarare, le 30 décembre 1890, sur un appel du jugement du Conseil de prud'hommes, et dont nous croyons devoir donner ici les considérants :

Attendu que la loi sur les coalitions n'a absolument rien changé aux rapports civils des patrons et des ouvriers, lesquels sont demeurés, avant comme après cette loi, régis soit par les usages locaux, soit par les contrats particuliers; que la loi du 25 mai 1864 est exclusivement une loi pénale, dont le seul effet a été de faire disparaître le délit ancien de coalition et de le remplacer par celui d'entrave à la liberté d u travail; qu'en un mot, cette loi a permis aux ouvriers, comme aux patrons eux-mêmes, de faire collectivement et après entente préalable, sans encourir des peines correctionnelles, ce qu'auparavant chacun d'eux en son particulier avait toujours eu le droit de faire, c'est-à-dire d'interrompre le travail :

Attendu que la législation nouvelle n'a pas donné aux ouvriers le droit de violer les conventions librement formées entre eux et leurs patrons; que les délais qui devaient être autrefois respectés par l'individu doivent l'être aujourd'hui par la collectivité, et que si l'on peut déclarer la grève générale elle ne peut produire ses effets qu'après l'expiration du délai fixé, soit par les usages locaux, soit par les contrats ;

Attendu au surplus que le jugement dont est appel proclame lui-même cette règle de droit, dans les termes les plus formels, et esquisse l'application en invoquant une considération de pur fait qui est dépourvue de toute valeur, quand il s'agit de faire échec à un principe de droit expressément reconnu ; que, rappelant à contre-sens une citation isolée du rapport de M. Emile Ollivier, il croit que tous les contrats sont résiliés de plein droit, parce que la grève générale est déterminée par une passion impétueuse qui s'est emparée des ouvriers, qui les maîtrise et les entraîne de telle sorte qu'ils n'agissent plus volontairement et librement et qu'ainsi Goujat avec la meilleure volonté n'aurait pu, après la proclamation de la grève, rester une heure de plus dans les ateliers de ses patrons ;

Attendu que le tribunal n'a pas à rechercher si cette manière de considérer l'ouvrier comme privé de son libre arbitre par une passion impétueuse et comme n'ayant plus l'usage de sa liberté, ni de sa volonté propre est suffisamment respectueuse des droits et des personnes qu'elle a la prétention de défendre ; mais que, dans tous les cas, ce genre de raisonnement est en contradiction d'abord avec les principes généraux du droit qui n'admettent pas qu'un majeur non interdit invoque ses passions et, à plus forte raison, celles de son entourage pour se soustraire à ses engagements ; qu'il est aussi en contradiction flagrante avec l'esprit de la loi de 1864, laquelle a fait disparaître de la législation le délit de coalition en le remplaçant par celui d'entrave à la liberté du travail, ce qui signifie que la grève n'est licite que si elle respecte la liberté des travailleurs et ne les contraint pas à violer les obligations de droit commun qu'ils ont pu contracter avec leurs patrons ;

Attendu que l'invocation à l'article 1148 du Code civil et aux règles de force majeure n'ont rien à faire aux débats ; que, pour que la grève pût être considérée comme un cas de force majeure, il serait nécessaire qu'elle fût imposée à l'ouvrier par une volonté extérieure à laquelle il lui serait impossible de se soustraire, mais que précisément la grève est un fait auquel l'ouvrier est libre d'accorder ou de refuser son consentement, et que nul ne peut alléguer son propre fait, comme constituant à son propre égard un cas de force majeure.

En présence de certaines manifestations récentes, nous croyons devoir nous étendre plus longuement encore sur ce point. Nous avons dit que la loi du 25 mai 1864 sur le droit de grève ou coalition, est exclusivement pénale. Elle a fait disparaître le caractère délictueux qui précédemment frappait toute coalition, et ne lui a laissé ce même caractère que si elle est accompagnée de violences, voies de fait ou manœuvres portant atteinte à la liberté du travail.

Nous avons admis qu'elle n'autorisait pas les ouvriers coalisés à violer les conventions formées entre eux et leurs patrons; les délais d'usage qui doivent être observés par un seul individu, doivent l'être également par la collectivité; et la grève ne peut être déclarée ou se produire qu'après l'expiration des délais de congé prévus par les usages ou les conventions.

Mais il est bon d'insister sur ce point, car le Comité central électoral et de vigilance des Conseillers prud'hommes ouvriers a pris la délibération suivante :

Considérant que le législateur, en adoptant l'article 1er de la loi du 21 mars 1884 sur les Syndicats professionnels, a voulu enlever toute entrave au droit de coalition pour la défense des intérêts professionnels, que par cette loi le droit de grève est licite, que c'est violer ce droit et méconnaître l'esprit de la loi, quand des tribunaux accordent des indemnités en vertu de l'article 1382 du Code civil, que l'exercice d'un droit reconnu par la loi ne peut donner lieu à aucun dommage-intérêt.

Considérant, d'autre part, qu'il est inadmissible de prétendre que le préavis d'usage, pour la rupture du contrat de louage, doit être observé en cas de grève; faire grève n'est pas une rupture du contrat dans la forme ordinaire, mais bien une suspension de travail motivée par une réclamation collective non acceptée par la partie adverse, qu'il est évident que, le délai d'usage donné, il n'y a plus de grévistes, puisque la rupture du contrat est accomplie ;

Par ces faits, le Comité proteste contre les atteintes portées au droit de grève par divers jugements de prud'hommes et autres tribunaux, et, s'appuyant sur la loi, déclare que le préjudice porté par la suspension du travail, par le fait d'une déclaration de grève, n'implique aucune réparation civile en faveur d'une des deux parties en conflit.

Cette protestation appelle de notre part quelques réflexions que nous faisons avec autant de netteté que de franchise.

Les droits des patrons sont tout aussi sacrés que ceux des ouvriers, et si la théorie du Comité central doit être adoptée, il faut admettre que des patrons peuvent s'entendre eux aussi, sans s'exposer à des dommages-intérêts, pour arrêter brusquement le travail dans leurs ateliers, dans le but de forcer les ouvriers à accepter une diminution dans les tarifs ou des modifications importantes dans la réglementation.

C'est logique, et cependant nous sommes persuadés que le Comité central électoral ne l'entend pas ainsi.

Quand un patron veut modifier le taux des salaires ou les dispositions de son règlement intérieur, il doit en prévenir les ouvriers, par voie d'affichage, et, avant de mettre ces nouvelles dispositions à exécution, laisser s'écouler un laps de temps au moins égal au délai de prévenance déterminé par les usages de la région ou son ancien règlement.

L'ouvrier qui ne veut pas accepter ces modifications est libre de donner congé et de se retirer à l'expiration de ces mêmes délais.

Et réciproquement, lorsque l'ouvrier prétend à une augmentation de salaire ou à une modification de réglementation, il ne peut brusquement quitter l'atelier sous prétexte que satisfaction ne lui a pas été donnée. Son droit se borne à fixer un délai dans lequel le patron fera connaître sa réponse ; le délai expiré, il sera libre de se retirer.

Est-ce donc que, parce que les ouvriers sont coalisés ou syndiqués, parce que l'article 416 du Code pénal a été abrogé, le fait qui constituait un délit pénal cesse en même temps de constituer un délit civil ?

La loi de 1864 a fait disparaître de la législation le délit de coalition en le remplaçant par celui d'entrave à la liberté du travail, ce qui signifie que la grève n'est licite que si elle respecte la liberté des travailleurs et ne les contraint pas à violer les obligations de droit commun qu'ils ont pu contracter avec leurs patrons. En admettant que les ouvriers, sans la coalition, ne pourraient discuter leurs intérêts à armes égales, il n'est pas nécessaire que la coalition se produise instantanément : quelques jours de plus ou de moins n'enlèveront pas aux ouvriers la force que leur donne leur union.

On peut sans doute faire une objection : si des pourparlers ont lieu dans l'intervalle, comment des délégués pourront-ils, sans craindre un renvoi, s'aboucher avec le patron ? Certains prétendent que ces délégués sont généralement condamnés d'avance, et c'est la raison pour laquelle ils commencent par quitter le travail en masse pour n'er tamer les négociations qu'après.

Et cependant ils commettent une grave erreur. Les délégués intelligents, honnêtes, sans parti pris, ne demandant que des choses raisonnées et raisonnables, n'ont rien à redouter, et nous avons vu de ces délégués qui, à l'expiration de la grève, loin d'être congédiés, rentraient dans l'usine avec un emploi supérieur.

Y a-t-il un moyen de remédier à cet état de choses, et d'éviter les froissements souvent inévitables en pareille circonstance ?

La loi sur l'arbitrage a chargé le juge de paix de recevoir les réclamations de chacun, mais elle ne lui prête qu'un rôle purement passif ; et la loi n'a pas donné les résultats qu'on en attendait.

Pourquoi donc les Conseils de prud'hommes ne seraient-ils pas chargés d'intervenir ? Ce sont les juges conciliateurs par excellence, et c'est à ce titre qu'ils seraient appelés, non pas après la déclaration de la grève, mais avant qu'aucune réclamation ne soit adressée directement par les ouvriers au patron. Les prud'hommes seraient non les délégués de telle ou telle partie, *mais les intermédiaires entre les deux parties.*

Ils seraient chargés de communiquer aux patrons les réclamations des ouvriers, et à ceux-ci les réponses de ces derniers. Bons juges en la matière, ils ont toutes les connaissances, toute l'autorité nécessaire, pour donner à chacun des conseils véritablement utiles, pratiques et désintéressés.

C'est là un point sur lequel nous voudrions appeler l'attention de nos législateurs. Ils comprendront que *l'avis officieux des Conseillers prud'hommes avant la grève* deviendrait un précieux élément de renseignements pour l'arbitrage du juge de paix après la grève, si on avait recours à lui en dernier lieu. S'il n'existe pas de Conseils de prud'hommes, le juge de paix du canton proposerait au Président du tribunal de commerce, ou à son défaut au Président du tribunal civil, le nom de plusieurs personnes capables de remplir les fonctions de conciliateurs. Un patron et un ouvrier seraient chargés de donner *leur avis officieux, avant la grève.* De même que le Président des prud'hommes, le juge de paix n'aurait à intervenir que comme directeur des débats ; il donnerait les renseignements nécessaires pour éclairer la religion de ces deux experts et transmettrait aux intéressés le résultat de leur examen.

La grève ne doit pas être un but, mais un moyen honnête d'arriver à un but : celui d'obtenir satisfaction dans des revendications légitimes, en provoquant une discussion et un examen sérieux des intérêts de chacun, pour ne pas compromettre, et, au contraire, sauvegarder la vitalité de l'industrie française et l'existence des ouvriers.

Une grève ne sort pas de la légalité tant qu'elle conserve un caractère pacifique. Voilà pour le côté pénal.

Autre chose est la même grève dans ses conséquences au point de vue du contrat civil, et des obligations des ouvriers envers le patron. Lorsque les ouvriers quittent brusquement le travail, ils commettent un quasi-délit, c'est-à-dire que, manquant aux engagements du contrat, ils se mettent sous le coup d'une action civile en dommages-intérêts de la part du patron : c'est la rupture du contrat.

Donc, la grève avec menaces, violences, etc., constitue le délit. La grève avec arrêt brusque du travail constitue le quasi-délit ou la rupture du contrat qui tombe sous le coup des dispositions de la loi du 27 décembre 1890.

Si l'on objecte que les règlements ou les usages n'établissent pas l'obligation du délai-congé, la grève peut présenter encore le caractère de quasi-délit, lorsqu'elle aura eu lieu avec l'intention formelle, évidente, de causer préjudice au patron.

Il faut que les ouvriers sachent bien que, lorsqu'il s'agit de la justice et de l'équité, toutes les revendications rentrant dans le domaine politique doivent disparaître de la discussion.

Puisque les Conseils de prud'hommes sont aptes à juger en dernier ressort des *causes* provenant de grèves, ils le sont davantage pour prévenir les grèves elles-mêmes.

Il est donc infiniment préférable que leur utile intervention ait lieu avant la grève, à titre de conciliateurs, *et non pendant ou après,* car alors ils font *œuvre de juges* et *sont obligés* de *réprimer les erreurs ou les fautes qui ont pu être commises.*

Nous estimons que les Conseils de prud'hommes sont d'autant plus désignés pour bien remplir ce rôle délicat de conciliateurs avant tout conflit que la loi de 1892 n'a pas donné les résultats qu'on en attendait pour cette raison principale que les nombreuses tentatives qui ont échoué devant les juges de paix ont eu pour cause le défaut de connaissances, de la part de ces magistrats, des questions techniques toujours intimement liées aux questions de salaire ou de réglementation du travail, et l'impossibilité où la loi les a mis de prendre part à la discussion et de donner des conseils aux parties.

Mais il en irait tout autrement, si aux Juges de paix on substituait les Prud'hommes. Familiarisés avec le travail, en connaissant toutes les phases, habitués aux difficultés qu'il peut présenter soit dans l'exécution matérielle, soit dans les rapports continuels de la vie commune, sachant et pouvant établir ce qu'il coûte et ce qu'il peut ou doit produire, les Prud'hommes sont mieux placés que tous autres pour écouter et comprendre les revendications qui se produisent, donner des conseils et proposer des moyens efficaces de conciliation; et si les efforts qu'ils auront faits ne sont pas couronnés de succès, si les conseils qu'ils auront donnés ne sont pas suivis, ils auront au moins une sanction morale dans ce fait qu'ils auront été donnés par des hommes véritablement compétents, auxquels l'opinion publique donnera raison contre ceux qui ne les voudront point écouter.

Nous avons dit nettement notre opinion sur cette matière et nous serions heureux que le législateur confiât ce rôle si délicat mais si humanitaire aux Conseils de prud'hommes.

En attendant que ce vœu si légitime soit réalisé, le Conseil de prud'hommes de Reims, dans une Assemblée générale, a décidé à l'unanimité de se mettre à la disposition des Justiciables pour arranger tous les différends de collectivité de nature à amener des grèves (1).

A cet effet, il a pris l'initiative — d'ailleurs approuvée par la majorité des Conseils de prud'hommes — d'une organisation qui leur permettrait d'apporter son concours effectif au cas où il serait sollicité par les parties en cause.

Le côté intéressant de ce procédé est de ne jamais mettre en présence les deux parties, qui, au cours de la discussion, en arrivent trop souvent à des violences de part et d'autre, rendant ainsi toute entente impossible.

Nous croyons utile de citer ici un des chapitres de la *Réforme sociale*, 17ᵉ année, tome XXXIV, 4ᵉ série, 4ᵉ et 5ᵉ livraisons, 1897.

Le grand Conseil du canton de Bâle-Ville a voté récemment une loi sur les conciliations en cas de conflit entre patrons et ouvriers; en voici les principales dispositions. Lorsqu'un conflit pouvant amener une grève a éclaté entre patrons et ouvriers de quelques maisons ou de toute une branche d'industrie, l'occasion doit être donnée aux parties de régler le différend à l'amiable par un Office de conciliation.

A cet effet le Conseil d'Etat nommera, toutes les fois qu'une des parties le réclamera, un Office de conciliation qui se réunira sous la présidence d'un des membres du Conseil d'Etat ou d'un tiers étranger au conflit. Il le fera de son chef dans les conflits de grande importance.

L'Office de conciliation se composera, outre le président, d'un nombre égal de patrons et d'ouvriers de l'industrie intéressée. Il pourra se compléter lui-même. Il entrera en fonctions aussitôt que son président aura tenté un essai de conciliation.

Si cet essai demeure sans résultat, et sur le rapport du président de

---

(1) Nous nous rappelons que lors des grèves de verriers, en 1891, presque aussitôt après la cessation de travail, les patrons verriers français ont vu les agents étrangers se présenter chez eux et leur proposer de fabriquer pour leur compte et d'envoyer directement à leur clientèle toutes les marchandises qu'ils se trouvaient dans l'impossibilité de livrer. Il est évident que ces offres, en apparence généreuses, cachaient un désir et un moyen de supplanter les verriers et de leur enlever leur clientèle. Des verriers grévistes ont avoué publiquement qu'ils n'avaient nullement à se plaindre de leur patron et qu'ils obéissaient à un mot d'ordre dont ils ignoraient l'origine.

Auparavant, en 1880, la façon dont la grève s'est produite dans l'industrie lainière, nous indique, d'après certaines confidences que nous avons reçues, que des influences du même genre n'y sont pas restées étrangères. C'est de cette époque que date la grande expansion qu'ont prise l'industrie et le commerce de certaines nations, et au contraire le désarroi de l'industrie et du commerce français.

l'Office de conciliation, le Conseil d'Etat fera une publication dans une feuille officielle du canton. Si l'une des parties ou les deux parties ont refusé de reconnaître la compétence de l'Office, la publication indiquera le motif du refus. Si la conciliation a abouti, elle en fera connaître les principales dispositions; si l'une des parties ou les deux parties ont repoussé la proposition d'arrangement, la publication contiendra le texte de cette proposition et les motifs essentiels du refus.

DU MANDAT IMPÉRATIF

ACCEPTÉ PAR LES CONSEILLERS PRUD'HOMMES OUVRIERS

—

CE QU'IL VAUT AUJOURD'HUI

————

Une revue périodique, dont le caractère est de soutenir la cause ouvrière, expose dans un de ses derniers fascicules le programme des Conseillers prud'hommes ouvriers et des chambres syndicales de X... De cet exposé, il nous a paru intéressant de détacher cet article final :

« *Les candidats signeront le présent programme,* ACCEPTERONT LE MANDAT IMPÉRATIF *et remettront au Comité de vigilance leur démission en blanc.* »

Malgré qu'on ait quelque peine à imaginer un juge ayant accepté un rôle défini, ne relevant ni de sa conscience, ni des faits, mais de l'exigence des électeurs et de leurs caprices, il est peut-être bon de rechercher l'origine de ce *mandat impératif,* s'il eut autrefois une raison d'être, une excuse, et de savoir ce qu'il vaut aujourd'hui.

Si le *mandat impératif* préconisé, imposé par les Comités de vigilance, est l'ordre de faire rendre à l'ouvrier justice pleine et entière, et dans la mesure la plus large, *le prud'homme ouvrier remplit sa mission en l'acceptant.*

Il a juré, aux termes du décret de 1809, d'accomplir son devoir avec zèle et intégrité, et son devoir élémentaire est d'apporter tout son cœur et toute son intelligence au triomphe de la justice, quel que doive en être le bénéficiaire.

Mais on ne saurait admettre un seul instant, avec les bases de la jurisprudence nouvelle et les lois plus libérales de la 3ᵉ République, une autre compréhension du *mandat impératif,* je veux dire la théorie *du donner raison à l'ouvrier toujours et quand même.*

Du reste, nous sommes heureux de déclarer ici que nous n'avons pas rencontré un seul ouvrier prud'homme mettant en pratique cette théorie. Qu'il défende avec énergie, souvent avec quelque passion, celui qu'il représente, c'est possible; mais il sait, lorsqu'il s'agit de décider en sa conscience, rétablir le droit de chacun.

Nous ne pouvons mieux faire, pour apprécier cette seconde forme du *mandat impératif,* généralement et fâcheusement entendue ainsi par la masse des électeurs, que de citer M. Paul Beauregard, le professeur si connu d'Economie politique.

« Si le prud'homme ouvrier a le droit et le devoir de seconder et de
» conseiller le plaideur ouvrier, ai-je besoin de dire qu'il n'a ce droit et
» ce devoir que dans la limite du juste ? Qu'il aide le plaideur ouvrier à
» obtenir justice, rien de mieux; il ne doit, à aucun prix, faire triompher
» sa prétention si elle est mal fondée. La loi lui a confié un beau et grand
» rôle, plus beau et plus grand, par la force des choses, que celui qui
» revient, en fait, au prud'homme patron; mais elle le lui a confié uni-
» quement pour que la justice soit mieux rendue. Il faut donc contenir
» dans une exacte mesure ses sentiments de bienveillance.

» Défenseur naturel du plaideur ouvrier, tant que celui-ci expose sa
» prétention, fait valoir ses motifs, il ne doit plus, soit quand il le con-
» seille, soit quand il vote pour le jugement, s'inspirer que des sentiments
» d'un homme équitable ou d'un juge impartial.

» C'est beaucoup demander à la faible nature humaine. Il est évi-
» demment à craindre que le prud'homme ouvrier n'ait peine à se ressaisir,
» qu'il n'incline sa raison en faveur de celui auquel il est si porté à
» s'intéresser, et le danger s'aggrave encore du fait qu'il est l'élu des
» ouvriers et qu'en le choisissant ils ont compté sur lui.

» Il faut malheureusement reconnaître que ce danger n'a pas été évité.
» Je ne fais ici le procès de personne, je ne chercherai donc pas si les
» prud'hommes patrons ont ou n'ont pas fait ce qu'il eût fallu faire pour
» conjurer le péril. Je me borne à constater un fait indéniable. Les deux
» éléments composant les Conseils de prud'hommes sont entrés trop
» souvent en lutte ouverte et la passion l'a emporté sur l'esprit de justice.
» *On en est arrivé au mandat impératif, presque toujours imposé au*
» *candidat ouvrier* et lui ordonnant de voter, toujours et quand même,
» en faveur du plaideur ouvrier; et, de leur côté, sans le dire ouvertement.
» les prud'hommes patrons n'ont pas manqué de soutenir le plaideur
» patron.

» La lutte des classes a pénétré dans les Conseils, et la justice a cessé
» d'y être bien rendue. Les conciliations sont devenues plus rares, les
» décisions importantes ont été presque régulièrement déférées, en appel,

» aux tribunaux de commerce et souvent réformées par eux. Peu à peu
» les Conseils de prud'hommes ont perdu la considération qui les avait
» d'abord entourés; le triste mot de « gâchis » a pu être prononcé et l'on
» a été jusqu'à demander leur remplacement par le juge de paix, assisté
» d'un patron et d'un ouvrier. »

D'autres que le savant économiste se sont depuis longtemps préoccupés de la question. C'est ainsi que M. Julien Lecerf, président du Conseil de prud'hommes de Rouen, dans une remarquable brochure antérieure à la loi de 1890, signalait déjà le mal et y cherchait un remède. Son livre nous a plus d'une fois guidés dans la voie où nous sommes entrés et dans le dessein que nous avions formé de réhabiliter les Conseils de prud'hommes. Tous ceux d'ailleurs qui ont écrit sur ce sujet, qui ont été frappés de la mission sociale que pouvaient remplir ces tribunaux bien entendus et justement composés, ne peuvent admettre qu'un rôle soit tracé d'avance à des juges ouvriers ou patrons. Dès qu'ils ont passé à leur cou cette humble médaille, qui est un emblème de justice, les Conseillers prud'hommes n'ont plus qu'à apprécier des faits et non à défendre des intérêts de classe.

L'époque, cependant, n'est pas lointaine où ce *mandat impératif, aujourd'hui condamnable, s'expliquait et s'excusait presque.* Lorsque la loi du 2 mars 1791 eut détruit les corporations et les entraves aux diverses industries, l'abus qui suivit cette liberté trop hâtive imposa la nécessité de régulariser le travail. Et c'est alors, après la loi préliminaire du 22 Germinal an XI, que furent institués les Conseils de prud'hommes.

Mais, par une inconcevable conception de l'égalité, une sorte de prédominance fut donnée dans ce nouveau tribunal à l'un des éléments sur l'autre; les patrons dont le nombre devait être toujours supérieur d'un membre à celui des ouvriers furent évidemment maîtres des débats. Et ce fut ce jour-là sans doute, non sans une apparence de logique, *que naquit pour les juges ouvriers le mandat impératif.* Inférieurs par le vote, éloignés de la présidence et de la vice-présidence, les Conseillers ouvriers en arrivèrent naturellement à envisager comme leur seul devoir de défendre leur parti, si mauvaise que fût la cause.

La loi du 27 mai 1848 détruisit cette inégalité.

Mais ni ce gouvernement, ni le second Empire ne surent indiquer LES BASES D'UNE JURISPRUDENCE SOLIDE, OU LES CONSEILLERS PRUD'HOMMES AURAIENT PU PUISER UN APPUI, AINSI QUE LES JUGES ORDINAIRES FONT DES CODES ET DES DÉCRETS. *Bien au contraire. Ces tribunaux laissés à eux-mêmes, ces tribunaux que le législateur avait conçus comme un moyen de régulariser le travail, d'apaiser les esprits,* DÉGÉNÉRÈRENT LE PLUS

SOUVENT EN ASSEMBLÉES POLITIQUES, *où de plus en plus domina l'esprit de parti et par conséquent le* MANDAT IMPÉRATIF.

Par bonheur, bien que tardivement et confusément encore, la loi de 1890 a posé les fondements de cette jurisprudence. De ses termes il a été permis de déduire des règles, de fixer des points jusque là obscurs. L'ouvrier et le patron ont été assurés l'un et l'autre de recevoir justice. *Le mandat impératif s'est trouvé sans aucune assise stable; il est resté une arme politique et la politique n'a rien de commun avec l'œuvre de la Justice.*

Et il est profondément regrettable que ce mandat soit encore imposé par des électeurs. S'il peut arriver qu'un patron ayant abusé de son pouvoir paraisse légitimer l'acte des ouvriers imposant à leur représentant un programme de commande, ce mandat impératif n'est qu'excusable : il n'est pas justifié.

La nouvelle jurisprudence a mis fin à cette théorie du donner raison toujours et quand même.

C'est une victoire de l'équité sur la prédominance des intérêts particuliers ou de classe, et les Conseils de prud'hommes ne peuvent qu'y retrouver leur considération perdue.

C'est que, encore une fois, le rôle de ces tribunaux a été mal compris et dénaturé. Cependant, de nombreux esprits ont entrevu leur puissant secours; nous avons, pour notre part, entrepris déjà de démontrer leur action efficace dans les questions qui concernent l'apprentissage, l'embauchage, les salaires, les délais de prévenance, les ruptures de contrats, les règlements d'ateliers, toutes questions qui tombent sous le coup de cette loi de 1890, qui dépendent d'usages ou dont la solution a été indiquée par des jugements ou des arrêts de la Cour suprême. *Nous disons plus loin ce que nous pensons de la conciliation, qui ne saurait être proposée en dehors des principes posés par la loi;* agir autrement serait causer un préjudice à celui qui a respecté cette même loi. Enfin, nous avons été frappés de la mission qu'ils pouvaient être appelés à remplir *dans les menaces de grèves,* et nous l'avons expliqué.

Nous avons montré les patrons et les ouvriers soumis aux mêmes obligations ; d'un côté, affichage avec observation des délais de prévenance; de l'autre, respect des délais réglementaires, ou préjudice à éviter à défaut de délai de prévenance ; *car un arrêt brusque, qu'il vienne du patron ou de l'ouvrier,* EST TOUJOURS PRÉJUDICIABLE.

Sans doute, les ouvriers objecteront qu'ils n'ont qu'un moyen à leur service en cas de grève, la sortie en masse : il leur faudra prouver alors devant les prud'hommes que le patron a été prévenu dans les délais réglementaires. Mais puisque nous avons indiqué *un moyen d'éviter les grèves,* grâce à cet humble tribunal de prud'hommes, il sera simple d'y recourir afin de fixer la date du délai de prévenance : *le président des prud'hommes en sera le témoin et apportera la preuve.* Car il est bien entendu que si le patron a brisé lui-même son engagement primitif et provoqué la grève, les ouvriers ne sauraient être passibles de dommages-intérêts : l'acte de celui qui n'a pas respecté son contrat a légitimé l'acte du second.

Nous avons la conviction profonde que si l'on comprenait enfin le véritable rôle des Conseils de prud'hommes, si l'on recourait à leur juridiction en matière de grèves, si le législateur indiquait clairement enfin leur mission, on aurait fait faire un grand pas à la fameuse question sociale.

LIVRETS D'OUVRIERS

CERTIFICATS

La loi du 2 juillet 1890 a abrogé les lois antérieures relatives aux Livrets d'ouvriers.

Cependant tout ouvrier, peut, à l'expiration du contrat, EXIGER du patron un certificat contenant exclusivement la date de son entrée, celle de sa sortie et l'espèce de travail auquel il a été employé.

Ce certificat est exempt de timbre et d'enregistrement.

COMMENTAIRES (1)

On sait que la question des Livrets ouvriers a soulevé de très vives discussions qui ont finalement abouti à la loi du 2 juillet 1890, « ayant pour objet d'abroger les dispositions relatives aux livrets d'ouvriers ».

Bien qu'il n'entre pas dans le cadre de ces quelques courtes observations de tracer un historique complet de cette question, il est néanmoins nécessaire, pour interpréter plus sûrement certaines dispositions de la loi du 2 juillet 1890, de rappeler en peu de mots le fonctionnement de la loi du 22 juin 1854 sur les livrets d'ouvriers.

Cette dernière loi n'est qu'une généralisation de la loi du 22 Germinal an XI relative aux manufactures, fabriques et ateliers.

L'article 12 de la loi de Germinal était ainsi conçu : « Nul ne pourra, » sous les mêmes peines (dommages-intérêts prévus par les art. 10 et 11), » recevoir un ouvrier s'il n'est porteur d'un livret portant le certificat » d'acquit de ses engagements, délivré par celui de chez qui il sort. » Et l'article 13 annonçait que des règlements d'Administration publique détermineraient la forme du livret et les règles à suivre pour sa délivrance, sa tenue et son renouvellement.

---

(1) Cette étude sur la loi du 2 juillet 1890 est due à M⁰ Vassart, avocat du barreau de Reims.

Les ouvriers ne tardèrent pas à protester contre les usages qui peu à peu s'établirent à l'abri de cette loi du 22 Germinal an XI. Leurs réclamations aboutirent, après douze années d'études, à la présentation d'un projet qui devint la loi du 22 juin 1854. A cette loi se rattachent un décret du 30 avril 1855 portant règlement sur les livrets d'ouvriers et un arrêté, précédé d'instructions, du préfet de police, en date du 13 octobre 1855.

L'article 1er de la loi du 22 juin 1854 disposait que « les ouvriers de » l'un et de l'autre sexe, attachés aux manufactures, fabriques, usines, » mines, minières, carrières, chantiers, ateliers et autres établissements » industriels, ou travaillant chez eux pour un ou plusieurs patrons, *sont* » *tenus* de se munir d'un livret. »

Essentiellement, le livret était un petit cahier sur lequel devaient être inscrits les divers certificats d'acquit des patrons chez lesquels l'ouvrier avait travaillé. Il était coté et paraphé à chaque page, par un commissaire de police dans les Villes de Paris, Lyon et Marseille, par le maire ou un adjoint dans les autres centres industriels. Le premier feuillet devait porter le sceau de la municipalité et contenir les nom et prénoms de l'ouvrier, son âge et le lieu de sa naissance, son signalement, la désignation de sa profession et le nom du maître chez lequel il travaillait.

Lorsqu'un ouvrier engageait ses services, il devait remettre son livret à son nouveau patron, qui inscrivait la date de son entrée et faisait viser le livret dans les vingt-quatre heures par le commissaire de police, le maire ou l'adjoint, suivant les localités.

Lorsque l'ouvrier quittait l'atelier, le patron inscrivait sur le livret le congé portant acquit des engagements de l'ouvrier : les congés devaient énoncer le jour de la sortie et être inscrits sans lacunes les uns à la suite des autres.

On a vu que, d'après l'article 12 de loi de Germinal an XI, la sanction des dispositions légales sur le livret obligatoire consistait dans des dommages-intérêts auxquels pouvait seul être condamné le patron qui admettait un ouvrier dépourvu du livret portant le certificat d'acquit de ses engagements.

La loi du 22 juin 1854 substitua à cette sanction civile frappant uniquement le patron, une sanction pénale s'appliquant à la fois à l'ouvrier et au patron : amende de 1 à 15 francs et même, le cas échéant, emprisonnement de 1 à 5 jours.

Encore une fois, nous n'entrons pas dans les détails d'application de la loi du 22 juin 1854 et des décrets qui ont suivi, non plus que dans les controverses relatives aux avantages et aux inconvénients des livrets d'ouvriers. Tout cela n'a plus qu'un intérêt purement rétrospectif.

Retenons simplement qu'en dépit du caractère impératif des dispositions de la loi de 1854, le livret d'ouvrier était tombé à peu près complètement en désuétude quand le législateur, en 1890, s'avisa de le supprimer et de lui enlever son existence légale.

* *
*

La loi du 2 juillet 1890 comprend trois articles fort courts que nous reproduisons ici :

ART. 1ᵉʳ — Sont abrogés : la loi du 22 juin 1854, le décret du 30 avril 1855, la loi du 14 mai 1851, l'article 12 du décret du 13 février 1852, sur les obligations des travailleurs aux colonies et toutes les autres dispositions de lois ou décrets relatifs aux livrets d'ouvriers.

Néanmoins continueront à être exécutés : les dispositions de la loi du 18 mars 1806 sur les livrets d'acquit de la fabrique de Lyon ; celles de la loi du 7 mars 1850 sur les livrets de compte pour le tissage et le bobinage, et l'article 10 de la loi du 19 mai 1874 relatif aux livrets des enfants et des filles mineures employés comme apprentis ou autrement.

ART. 2. — Le contrat de louage d'ouvrage, entre les chefs ou directeurs des établissements industriels et leurs ouvriers, est soumis aux règles du droit commun et peut être constaté dans les formes qu'il convient aux parties contractantes d'adopter.

Cette nature de contrat est exempte de timbre et d'enregistrement.

ART. 3. — Toute personne qui engage ses services PEUT, *à l'expiration du contrat*, exiger de celui à qui elle les a loués, *sous peine de dommages et intérêts, un certificat contenant exclusivement la date de son entrée, celle de sa sortie, et l'espèce de travail auquel elle a été employée.*

Ce certificat est exempt de timbre et d'enregistrement.

Les deux premiers articles de la loi du 2 juillet 1890 ne pouvaient évidemment donner lieu ni à controverse ni à interprétation.

Il n'en est pas de même de l'article 3 de cette loi qui n'a pas tardé à soulever deux difficultés principales sur lesquelles, d'ailleurs, les tribunaux n'ont eu, jusqu'à présent, que fort rarement à se prononcer. L'on peut même prévoir qu'ils seront, de moins en moins, appelés à se prononcer sur les difficultés auxquelles nous songeons. L'on verra pourquoi tout à l'heure. Le certificat de sortie, tel que le définit l'article 3, n'a, par lui-même, que la valeur d'un *constat* matériel, c'est-à-dire une valeur très minime. Les services qu'il peut rendre aux travailleurs sont, dans la plupart des cas, insignifiants.

Voici ces deux difficultés :

1º Que faut-il entendre par ces mots de l'article 3 de la loi du 2 juillet 1890 : *à l'expiration du contrat?* Ou, encore, quand peut-on dire que le contrat qui lie un ouvrier et un patron est *expiré?* Le sera-t-il par cela seul qu'il sera *rompu* et quelles que soient les causes de la rupture ?

Ou, au contraire, le contrat ne sera-t-il *expiré* que lorsqu'il sera normalement *terminé* ?

2° Que faut-il entendre par les *dommages-intérêts* auxquels le patron peut être condamné s'il refuse un certificat de sortie à un ouvrier dont le contrat est *expiré* ? Quand les *dommages-intérêts* seront-ils dus ? Toujours, et par cela seul que le certificat est refusé ? Ou uniquement dans le cas où l'ouvrier établira qu'il a subi un préjudice parce que le patron s'est refusé à lui délivrer un certificat de sortie ?

Remarquons tout de suite — cette remarque a une très grande importance — que l'article 3 est unilatéral et ne vise qu'à favoriser l'ouvrier. Cela n'est, bien entendu, pas une critique du texte de loi, mais une simple constatation. Constatation qu'il nous faut faire, parce qu'elle nous servira grandement tout à l'heure, à interpréter ce texte.

L'ouvrier *peut* exiger un certificat de son patron au moment où il quitte l'usine. C'est une *faculté* pour lui, nullement une obligation, à l'inverse de ce qui se passait autrefois avec les Livrets ouvriers. Le patron, lui, n'a pas le droit de discuter cette *exigence* de l'ouvrier. C'est une *obligation*, et non une faculté, pour lui, de délivrer le certificat que réclame l'ouvrier, puisque, s'il ne le délivre pas, il va être condamné à payer des dommages-intérêts, encore à l'inverse de la loi du 22 juin 1854 sur les Livrets ouvriers qui frappait *à la fois* le patron et l'ouvrier désobéissant à ses prescriptions.

Donc, pas de doute, pas de discussion possible sur ce premier point : l'article 3 de la loi du 2 juillet 1890 est essentiellement ou mieux *uniquement* favorable à l'ouvrier. C'est pour lui et pour lui seulement que cet article a été fait. Il quitte l'usine ou le chantier muni d'un certificat ou sans certificat, selon que ceci ou cela lui plaît. Le certificat est devenu *facultatif*. Sa délivrance est *obligatoire* pour le patron quand l'ouvrier juge qu'il sera avantageux pour lui d'être porteur d'un certificat...

Examinons maintenant d'un peu plus près les deux questions que nous avons posées plus haut.

D'abord celle-ci : *que signifie l'expression « expiration du contrat »?*

Quel est le droit commun en matière de durée du contrat ? Le voici résumé très brièvement : l'on ne s'engage, l'on ne se lie qu'à temps, c'est le principe fondamental. Et le principe étant ainsi posé, deux hypothèses peuvent se présenter : la durée du contrat est déterminée par avance, ou elle ne l'est pas.

Dans le premier cas, quand dira-t-on que le contrat arrive à *expiration* ? Pas de difficulté pour répondre puisque la durée du contrat est prévue et limitée. Et si ce contrat à durée *limitée* et *fixée* est, pour une raison quelconque, brisé avant le moment convenu pour sa fin, l'on ne dira pas que le contrat est *expiré*. Quelque chose de nouveau s'est substitué au contrat primitif. Les obligations réciproques, synallagmatiques, résultant de ce contrat primitif, disparaissent elles-mêmes avec lui, remplacées par d'autres, nouvelles et imprévues.

Seconde hypothèse : le contrat est à durée indéterminée. Puisque la liberté humaine ne peut être aliénée que pour un temps plus ou moins long, il faut bien que ce contrat à durée indéterminée puisse être rompu un jour ou l'autre. Comment sera-t-il rompu ? Quand pourra-t-on dire qu'il est arrivé à *expiration ?*

Cette fois, plus de règle uniforme, plus de réponse précise. Mais, néanmoins, un grand principe qu'a formulé le législateur du Code civil dans l'article 1134 : *Les conventions légalement formées tiennent lieu de loi à ceux qui les ont faites. Elles doivent être exécutées de bonne foi.*

Nous ne voulons ni ne pouvons entrer dans les détails d'application de cet article 1134 du Code civil. Notons seulement que si, dans certaines hypothèses, un contrat à durée indéterminée ne peut être rompu d'heure à heure ou d'instant à instant, c'est précisément parce que les obligations entre parties leur tiennent lieu de loi et *doivent être exécutées de bonne foi.* Ce qu'on appelle *les usages* trouve ainsi un solide et résistant point d'appui dans l'article 1134.

Le contrat à durée indéterminée pourra donc, tout comme le contrat à durée déterminée, être *rompu* sans être *expiré.* Seulement dans cette hypothèse, c'est, comme on parle au Palais, affaire *d'espèces.* Nous renvoyons à l'article 1780 du Code civil et à son commentaire, en rappelant que dans certains corps de métiers — c'est, du reste, l'exception — le contrat de travail prend fin à la libre volonté de chacune des deux parties contractantes, à la minute et sans autre formalité. Il n'y a guère que pour ce genre de contrat duquel on puisse dire que *la rupture*, quelle qu'elle soit, équivaut à *l'expiration.* Encore, même sans jouer sur les mots, pourrait-on soutenir que ces contrats exceptionnels *expirent* par l'avertissement que l'une des parties donne à l'autre de son intention de recouvrer immédiatement sa liberté, et sont *rompus* faute de cet avertissement préalable...

Posons donc cette règle générale : *l'expiration du contrat*, c'est sa fin normale.

Recherchons maintenant ce qu'a entendu dire le législateur de 1890 et s'il a voulu déroger au droit commun.

Ce n'est pas l'historique de la loi du 2 juillet 1890 que nous entreprenons ici. Mais comme l'interprétation d'une loi est singulièrement facilitée par l'examen attentif des changements et des suppressions qu'a subis le texte d'un article, reproduisons les différentes rédactions qui ont été proposées de l'article 3 de la loi du 2 juillet 1890 à la Chambre des députés et au Sénat avant d'arriver à la rédaction définitive adoptée par le Parlement et insérée dans la loi.

A la séance du 11 novembre 1881, un député, M. Lucien Dautresme, déposait sur le bureau de la Chambre la proposition suivante :

ARTICLE PREMIER. — ... (sans intérêt);
ART. 2. — Le contrat de louage d'ouvrage entre les chefs ou directeurs des établissements industriels et leurs ouvriers *est soumis aux règles du droit commun.*

Ce projet ne fut adopté tel quel ni par la Chambre ni par le Sénat. Mais celui-ci, dans ses séances des 13 et 22 novembre 1883, votait un projet de loi ainsi conçu :

ARTICLE PREMIER. — ... (sans intérêt);
ART. 2. — Le contrat de louage d'ouvrage entre les chefs ou directeurs des établissements industriels et leurs ouvriers *est soumis aux règles du droit commun* et peut être constaté dans les formes qu'il appartient aux parties contractantes d'adopter.
ART. 3. — Tout ouvrier de l'un ou l'autre sexe, *qui jugera utile à ses intérêts d'être nanti d'un livret,* le demandera au maire de la commune de son domicile, *qui sera tenu de le lui délivrer.*
Ce livret, exempt de timbre et d'enregistrement, ne contenant que les nom, prénoms, domicile, lieu de naissance et profession du titulaire, sera paraphé par le maire.
ART. 4. — Tout chef ou directeur d'un établissement industriel ou d'un atelier *sera tenu, si l'ouvrier qui aura travaillé chez lui et qui cessera d'y être employé, le demande,* de constater : soit dans ce *livret,* soit dans un *certificat* ou *carnet,* les nom, prénoms, profession et demeure de cet ouvrier, la date de son entrée dans l'établissement et celle de sa sortie.
Ce livret, certificat ou carnet, exempt de timbre et d'enregistrement, *ne contiendra pas d'autre constatation.*

La Chambre des députés modifia cette rédaction et lui en substitua une autre supprimant purement et simplement les livrets d'ouvriers.

Le Sénat maintint le texte adopté dans les séances des 13 et 22 novembre 1883.

Ainsi qu'il arrive d'ordinaire, la loi fit de nombreux voyages entre la Chambre et le Sénat. Mais ce qu'il importe de retenir, c'est que le texte du Sénat resta la base des délibérations du Parlement et qu'il n'y fut apporté que des modifications de *pure forme.*

Cela n'est guère contestable; et les différents rapporteurs de la loi s'en sont, à maintes reprises, expliqués :

M. Millaud, dans son rapport du 18 mars 1890, s'exprimait en ces termes : « ... Le droit pour toute personne qui engage ses services d'exiger, de celui à qui elle les a loués, un certificat *à l'expiration de son* TRAVAIL (l'on remarquera que le rapporteur ne dit pas *contrat*), affirmé par le Sénat, a été également admis et fortifié par la Chambre des députés... ».

De son côté, M. Lagrange, dans son rapport du 31 mai 1890, écrivait :
« ... La loi réalise une amélioration; c'est une loi d'émancipation, et consacre *le droit qu'ont les ouvriers d'obtenir* LA CONSTATATION *de leurs états de services professionnels...* ».

L'on trouvera ci-dessous, et dans cet ouvrage même, d'autres citations qui viennent à l'appui de ces observations. L'article 3 de la loi du 2 juillet 1890 n'est qu'une sorte de résumé, de synthèse de l'ancien article 4 du projet adopté par le Sénat en novembre 1883. Et il faut bien convenir que, pour être un peu plus long, ce dernier texte est singulièrement plus clair que le texte qui est passé dans la loi.

Comme nous le relevions au début de ces quelques réflexions, c'est un droit particulier, extraordinaire, que le législateur de 1890 a consacré au profit de l'ouvrier. C'est une dérogation au droit commun. Il ne peut s'agir de la quittance que tout créancier doit au débiteur qui paie sa dette. L'ouvrier a droit au certificat, même s'il n'a pas payé sa dette, même s'il a violé ses engagements et rompu, sans raison, son contrat. *Ce certificat n'est pas une quittance.* C'est une constatation pure et simple, matérielle, de ses états de services.

Nous l'avons déjà observé : la jurisprudence n'abonde pas en documents sur ce point spécial. Au surplus, elle ne peut manquer de se former dans le sens que nous indiquions il n'y a qu'un instant.

Citons toutefois un jugement du tribunal de commerce d'Angers du 4 juin 1897 (1) qui décide :

Les termes de l'article 3 de la loi du 2 juillet 1890 « *à l'expiration du contrat de travail* » *ne doivent pas être pris en ce sens restrictif et littéral que l'ouvrier n'a droit à l'obtention d'un certificat que lorsqu'il a rempli les engagements qui résultent pour lui du contrat de travail, et non lorsqu'il a rompu le contrat avant son expiration; ils doivent au contraire être étendus dans le sens le plus général et le plus large; et l'ouvrier, quittant un atelier, a le droit d'exiger un certificat, quelles que soient les circonstances dans lesquelles le contrat a pris fin.*

En conséquence si, à raison de faits qui ont déterminé la brusque rupture du contrat de travail, le patron est fondé à refuser à son ouvrier un certificat avec la mention « *libre de tout engagement* », *il ne peut se refuser à lui délivrer un certificat conçu dans les formes prescrites par l'article 3 de la loi du 2 juillet 1890.*

C'est aussi dans le même sens que s'est prononcé, à la date du 24

---

(1) *Recueil d'Angers*, 97. 232. ; Phily, *Recueil des sommaires de la Jurisprudence française*, mars 1898, p. 269, N° 1356.

avril 1898, le Conseil de prud'hommes de Reims dans une affaire C...
contre C... :

« ... *Attendu, dit le jugement du 24 avril, que la loi du 2 juillet
1890 a prescrit au patron de remettre à l'ouvrier, à l'expiration du
contrat, un certificat contenant exclusivement la date de son entrée, celle
de sa sortie et l'espèce de travail auquel il a été employé, que par ces
mots « expiration du contrat », il faut entendre, non la date à laquelle
le contrat devait finir, ni l'expiration du délai-congé, le cas échéant,
mais la cessation même des rapports entre le patron et l'ouvrier, quelle
qu'en soit la cause et quelle que soit celle des parties qui a rompu le
contrat...* ».

*
* *

Cette dissertation est toute de *droit* et nullement de *sociologie*. Il ne
nous sera cependant pas interdit d'y mêler quelques réflexions sur la valeur
et la portée de cet article 3 du 2 juillet 1890.

L'on peut hautement affirmer, après les explications précédentes, que
le certificat délivré à l'ouvrier dans les conditions où la loi impose au
patron de le lui délivrer, n'a, au point de vue professionnel, aucune espèce
de valeur. Ce sera tout au plus, et dans certains cas seulement, un moyen
commode pour l'ouvrier d'établir qu'il travaille régulièrement.

Et il n'est pas malaisé de signaler les graves inconvénients d'une
pareille pratique. Le patron à qui l'ouvrier ne présentera que le certificat
libellé dans les termes un peu brefs de la loi sera tout naturellement
porté à penser que cet ouvrier n'a pas quitté son patron d'hier « libre
de tout engagement ». Si l'ouvrier ne présente aucun certificat, ce sera
bien autre chose encore. Si, entre deux certificats successifs, l'ouvrier
ne peut justifier d'aucun travail régulier, comment prouver que c'est
la maladie, le chômage, ou toute autre force majeure qu'il faut rendre
responsable de cette inaction ?... Et cent autres hypothèses qu'il est
facile d'imaginer.

Or, c'est le droit absolu du patron d'être renseigné sur la valeur
professionnelle de l'ouvrier qu'il va employer. Pareillement c'est le droit
absolu de l'ouvrier, habile en son art ou en son métier, d'établir cette
habileté.

Si l'ouvrier quitte le patron à *l'expiration du contrat* qui les lie l'un
à l'autre, tout va bien et les difficultés ne sont guère à redouter. Sinon, le
patron, qui est homme, ne va-t-il pas profiter du droit que lui donne la
loi de délivrer un certificat banal et insignifiant ? L'usage ne va-t-il pas
s'établir du double certificat : l'un, imposé par la loi, et l'autre, que n'obtiendront que certains ouvriers ? N'est-il pas à craindre que le seul fait par

l'ouvrier de ne pouvoir présenter que le certificat imposé par la loi ne soit considéré par le patron comme la meilleure preuve que l'ouvrier n'a pas mérité d'obtenir l'autre?... Etait-ce bien la peine de réformer la loi du 22 juin 1854 pour en arriver là?...

Nous livrons simplement ces quelques réflexions aux lecteurs. Ce n'est pas l'endroit de rechercher le système qui concilierait tous les intérêts.

L'on parle beaucoup aujourd'hui de la nécessité d'unir le patron et l'ouvrier par des liens plus étroits et moins lâches (1). Les lois qui poursuivent ce résultat ne l'obtiendront qu'à la condition expresse de ne pas être des lois *d'exception* qui se retournent fatalement et toujours contre ceux-là mêmes qu'elles prétendaient favoriser. L'on citerait, de cette vérité, dix exemples. Si, en particulier, le certificat de sortie était l'équivalent d'une quittance, un progrès sensible aurait sans doute été vite réalisé à ce point de vue.

La Chambre avait peut-être raison de supprimer brutalement les livrets d'ouvriers et de ne les vouloir pas remplacer par autre chose d'aussi mauvais

* *

Reste la deuxième question : que sont les dommages-intérêts du même article 3 de la loi du 2 juillet 1890 ? Quand sont-ils dus ?

Maintenant que nous connaissons l'esprit de cet article, le sens et la portée de ses prescriptions impératives, la réponse à la deuxième question ne sera ni longue ni difficile à donner.

Rappelons tout d'abord les principes généraux et de droit commun, qu'on ne discute pas, et que la Cour de cassation a appliqués et consacrés en de fréquentes occasions :

1° La condamnation d'une personne à des dommages-intérêts ne peut être justifiée que par la constatation à la charge de cette personne d'une *faute* ou d'un *défaut d'exécution d'une convention*.

2° La non exécution par une personne d'une obligation qui ne dérivait pas de la convention passée par elle ET *n'était pas imposée par la loi* ne peut pas davantage donner lieu contre cette personne à une condamnation à des dommages-intérêts. (Cass. Ch. civ. 7 novembre 1893. D. 94. 1. 16.).

De même, en ce qui concerne l'évaluation des dommages-intérêts à payer par une personne qui a commis quelque faute ou qui, par son fait, n'a point exécuté les obligations auxquelles elle s'était soumise, les trois

(1) Voir, en particulier la proposition de loi Goblet. *Journal des Prud'hommes*, mars 1896.

règles suivantes peuvent être considérées comme définitivement fixées et acceptées par la doctrine et la jurisprudence :

1º L'évaluation des dommages-intérêts doit se régler, d'une part, sur la gravité de la faute commise ;

2º D'autre part, sur la perte faite et le gain dont on a été privé (art. 1149 et s. du C. Civ.).

3º Les juges ont un pouvoir souverain pour les évaluer et en régler le montant. (Cass. jur. const. V. en particulier Ch. civ. 24 octobre 1893. D. 94. 1. 13.)...

Dalloz, examinant la question, écrit (1) :

« Le droit commun n'ouvrirait d'action en dommages-intérêts pour
» refus du certificat que s'il a été cause d'un préjudice... C'est une question
» de savoir si l'art. 3 de la loi de 1890, en permettant expressément
» d'exiger ce certificat *sous peine de dommages-intérêts*, a entendu en
» cette matière spéciale dépasser le droit commun et faire de l'action en
» dommages-intérêts une sorte de peine indépendante de tout préjudice
» causé. Certains auteurs, s'appuyant sur ce que l'introduction des
» *dommages-intérêts* dans le texte est venue d'un changement à sa rédac-
» tion primitive pensent qu'ici le préjudice est *présumé*, et que sous le
» nom de dommages-intérêts se cache une sorte d'amende prononcée par
» les tribunaux civils (2). Cette conclusion nous paraît erronée. Si le
» législateur avait eu cette pensée, il lui était bien facile d'édicter, en
» dehors des dommages-intérêts, une peine de simple police pour refus
» de certificat comme il y en avait autrefois pour embauchage d'ouvrier
» sans livret. Comment admettre sans un texte absolument clair une
» amende dont les tribunaux civils auraient à faire non seulement l'appli-
» cation mais la fixation absolument arbitraire, et avec attribution à un
» particulier contrairement aux principes fondamentaux de notre droit
» pénal ?... Le texte ne nous paraît pas d'ailleurs dispenser de la preuve
» du préjudice plus que du préjudice lui-même. Car il faudrait toujours
» constater le préjudice pour l'évaluer... ».

Nous ne sommes point de l'opinion de Dalloz; de même, si nous arrivons aux mêmes conclusions que les auteurs qu'il cite et qu'il s'efforce de réfuter, c'est en partant d'autres principes et en nous appuyant sur d'autres règles.

On a vu plus haut le deuxième des principes généralement admis aujourd'hui quand il s'agit de déterminer les causes génératrices de dommages-intérêts. Il ne peut s'agir, pour le patron qui refuse à un ouvrier le certificat de sortie, ni d'une *faute* contractuelle au sens juridique du

---

(1) Dalloz, Jur. gén. Supplément, Nº 91.
(2) Bry, p. 88; Sauzet, *Le Livret obligatoire*, p. 98.

mot, ni de la *non exécution* d'une obligation consentie par lui. Un tel patron peut bien, selon les circonstances, commettre une faute *morale*, blâmable à coup sûr, mais non pas une faute que punit la loi. Pas davantage il ne se rend coupable de non-exécution de contrat signé par lui : il n'a pas pris, vis-à-vis de l'ouvrier qu'il embauche, l'obligation spéciale de lui délivrer, au moment de son départ, un certificat de sortie.

Il ne peut donc être question que de la non-exécution par le patron d'une *obligation imposée par la loi*. Et cela suffit parfaitement pour rendre passible de dommages-intérêts celui qui refuse de se soumettre à une telle obligation. (Ch. civ. Cass. 7 novembre 1893, *suprà*.). Or, nous le savons : la loi veut que le patron délivre un certificat de sortie dès l'instant que l'ouvrier *l'exige*. C'est une obligation imposée par la loi au patron, à laquelle il n'a pas le droit de se soustraire sans s'exposer à subir une *punition*, à payer des dommages-intérêts à la personne qui puise dans la loi un droit, un avantage particuliers. Il se met en *faute vis-à-vis de la loi* par cela seul qu'il a refusé de délivrer le certificat qui lui est demandé. Les objections exposées dans les quelques lignes que nous avons citées plus haut ne nous touchent pas.

D'abord, il est de droit commun que les juges ont un pouvoir souverain pour évaluer les dommages-intérêts et en régler le montant. (Cass. Ch. civ. 24 octobre 1893, *suprà*.). L'arbitraire a toujours et nécessairement une place, si minime qu'on la suppose, dans une semblable évaluation. Les juges n'ont pas à leur usage des procédés d'une rigueur mathématique pour décider quels dommages-intérêts sont dus dans une espèce déterminée. Ils sont hommes, voient et apprécient comme des hommes. Qu'on prenne l'affaire la plus banale, dans laquelle une partie réclamait à l'autre des dommages-intérêts, et qui a été successivement examinée par un tribunal de première instance et par une cour d'appel. Il y a gros à parier que la quotité des dommages-intérêts alloués par les premiers juges n'a pas été conservée par les juges d'appel.

Ensuite, il ne nous paraît pas qu'il soit besoin de faire intervenir le droit pénal pour expliquer les dommages-intérêts, tels qu'ils sont prévus par l'article 3 de la loi de 1890. Il ne serait pas difficile de démontrer que l'idée de dommages-intérêts est très souvent intimement liée à l'idée de peine. Laissons cela. *Est-ce que toute obligation de faire ne se résout pas en dommages-intérêts, en cas d'inexécution de la part du débiteur?* (art. 1142. C. Civ.). *Nemo cogi potest precise ad factum* : l'article 1142 du Code civil a simplement traduit ce vieil adage.

La loi du 2 juillet 1890, de sa propre autorité, à tort ou à raison, peu importe, a constitué le patron débiteur, vis-à-vis de l'ouvrier qui le quitte, d'un certificat de sortie. Si le patron refuse de payer sa dette, il sera condamné à des dommages-intérêts. Envers qui ? Tout naturellement envers son créancier, c'est-à-dire envers l'ouvrier. C'est là, croyons-nous, la conception vraie de l'article 3 de la loi de 1890. Et c'est dans ce sens qu'a jugé le tribunal de commerce d'Angers dans son jugement du 4 juin 1897, que nous rappelons plus haut : *le fait même du refus de certificat suffit, aux termes de la loi du 2 juillet 1890, à donner ouverture à des dommages-intérêts.*

Cela n'empêchera d'ailleurs pas l'article 1382 du Code civil d'intervenir dans le cas où le patron serait convaincu, en refusant le certificat imposé par la loi de 1890, d'avoir commis une faute préjudicielle aux intérêts de l'ouvrier. C'est le droit commun...

Voici donc les conclusions pratiques auxquelles nous arrivons. Nous maintenons bien entendu toutes nos réserves et toutes nos critiques sur la loi elle-même :

1° *C'est une obligation absolue pour le patron de délivrer un* CERTIFICAT DE SORTIE *à l'ouvrier qui le réclame, quelles que soient les raisons pour lesquelles l'ouvrier se sépare du patron, volontairement ou non, régulièrement ou non.*

2° *Le seul fait par le patron de refuser le certificat de sortie à l'ouvrier qui l'exige donne ouverture à des dommages-intérêts au profit de l'ouvrier.*

3° *Ces dommages-intérêts sont indépendants de ceux que l'ouvrier aurait le droit de réclamer s'il justifiait d'un préjudice causé par le refus du patron de lui délivrer un certificat de sortie et de l'étendue de ce préjudice.*

Les industriels se soumettront volontiers à ces prescriptions peu rigoureuses en somme. Le certificat de sortie, tel que le comprend l'article 3 de la loi du 2 juillet 1890, sera de plus en plus un *papier* sans importance comme sans valeur. Nous n'avons même qu'à souhaiter qu'il ne soit que cela.

Puissent ces quelques notes, encore qu'elles soient bien incomplètes, éviter aux patrons et aux ouvriers certains différends nés de préjugés trop répandus, d'interprétations erronées, d'obligations et de devoirs mal compris. Puissent-elles contribuer quelque peu, en leur faisant connaître la vérité, à apporter dans leurs rapports la franchise, la sincérité et la loyauté nécessaires à une existence commune toute de devoir et de travail.

LA

FUTURE LOI PRUD'HOMALE

Ce n'est un secret pour personne que nos Législateurs sont embarrassés depuis longtemps dans le choix des attributions qu'ils donneront aux futurs Conseils de prud'hommes, et dans le choix des termes dont ils se serviront pour libeller une loi meilleure. Cet embarras et ce retard, tandis que les rapports se font de jour en jour plus tendus entre l'ouvrier et le patron, ne font qu'aggraver le malentendu; et il se présente aujourd'hui deux solutions auxquelles il faudra bientôt recourir : ou bien supprimer une juridiction devenue impuissante, ou bien lui donner une telle extension qu'elle puisse enfin devenir un instrument de paix sociale.

Nous avons dit que dans l'état actuel cette juridiction était impuissante. C'est d'abord une chose peu facile, — on le comprendra bien vite, — que de maintenir l'entente entre les deux éléments de ces Conseils. Avant de songer à étudier les causes qui leur sont soumises, les présidents de ces assemblées ont souvent la mission de songer au maintien des bons rapports parmi les juges eux-mêmes; avant d'accomplir leur rôle à l'égard des parties, ils doivent tenter la conciliation parmi ceux qui vont assumer la tâche de concilier. Cette lutte des deux éléments est déjà le signe le plus certain de l'impuissance. Nous savons par l'expérience qu'on y peut remédier, et qu'aux sièges du Bureau particulier et du Bureau général viendraient s'asseoir seulement des hommes de bon vouloir et non de parti, si leur devoir leur était une bonne fois nettement et sûrement tracé.

Que doit être, en effet, un Conseil de prud'hommes ? L'image de l'Egalité devant la Loi, avec, nous nous hâtons de le dire parce que telle a été et telle sera notre conviction, une protection, non dissimulée, en faveur de l'Ouvrier, plus souvent et plus aisément victime ; mais en dehors et au dessus de cette protection, le respect de la Justice et du Droit de chacun.

Que doit être de son côté le Conseiller prud'homme ? Un conciliateur, souvent l'avocat du plus faible et du moins bien armé pour la défense, mais d'abord le serviteur de la Loi.

Or, nous nous demandons en toute franchise si nos Conseils répondent à cet idéal pourtant réalisable, si vraiment les Conseillers prud'hommes ont aujourd'hui les moyens de remplir leur mission. C'est au dedans de nos assemblées la répercussion de la lutte du dehors, entre le capital et la production ; et cette lutte apparaît jusque dans les appréciations du juge qui, dépourvu de règles, agit au mieux de ses inspirations, variables selon les jours, variables selon la condition des parties ; c'est encore pour le prud'homme le mieux convaincu et le mieux décidé à bien faire, la difficulté journalière de motiver des décisions qui ne s'appuient que sur du bon sens ou de la bonne volonté. Qu'on supprime donc ce corps malade, ou qu'on lui fasse un organisme nouveau.

Il est plus aisé qu'on ne suppose de remédier au mal. On nous permettra à cet égard de dire tout ce que nous pensons.

Avant toute autre chose, une jurisprudence serrée et précise, un Code qui rendra impuissant le mandat impératif, imposé par les ouvriers et le parti-pris des patrons : un Code traçant la ligne pour ne laisser à l'initiative du juge qu'un droit d'appliquer plus ou moins sévère suivant les cas.

Après cela, et après cela seulement, une réglementation administrative.

Tous les salariés et tous les patrons, sans exception, seront justiciables des nouveaux Conseils institués dans chaque chef-lieu d'arrondissement. Les diverses industries et non plus seulement quelques-unes relèveront de ces juridictions : l'industrie agricole, l'industrie extractive, l'industrie manufacturière qui transforme les produits procurés par les premières, le commerce qui livre ces produits à la circulation auront leurs représentants dans ces Assemblées. Il en sera ainsi pour la prud'homie maritime.

Les électeurs auront 25 ans révolus et les éligibles 30 ans au moins. Les élections seront Communales.

Les Conseils interviendront lors des accidents, non pour indiquer des mesures répressives ou pour fixer une indemnité ; mais parce qu'étant composés de gens du métier, ils sont aptes avant tous autres à donner leur avis sur les « causes » de l'accident.

Tout rapport sera supprimé entre les prud'hommes et les Administrations municipales. Des jetons de présence seront donnés aux membres sans distinction de catégorie, et la dépense en sera inscrite au Budget départemental.

Les Tribunaux de Commerce qui sont une représentation patronale, cesseront d'être les Tribunaux d'appel des Conseils de prud'hommes. Les Tribunaux Civils jouiront désormais des prérogatives que les Tribunaux de Commerce exerçaient jusqu'ici vis-à-vis de nos Conseils.

Le prud'homme sera du métier pour lequel il est élu ou il cessera d'être prud'homme.

Toute difficulté intérieure, toute lutte entre les membres du Conseil amènera une répression provoquée par le président : la suppression provisoire de ce Conseil et l'intérim du juge de paix. Un tribunal qui ne peut s'entendre, ne doit pas avoir la prétention de concilier et de juger.

Le justiciable sera libre de comparaître en personne ou de se faire représenter par un mandataire, à la condition que ce mandataire soit muni d'un pouvoir régulier, d'ailleurs exonéré du timbre et légalisé sans frais.

Les mesures disciplinaires intérieures seront très sévères.

Le Préfet et le Ministre compétents agiront seuls sur la plainte portée par le président. Le Conseiller qui aura manqué à ses devoirs sera privé de convocation jusqu'à ce que l'Administration ait statué sur son sort après l'avoir entendu.

Voilà quelques points généraux.

Mais aura-t-on le courage d'établir cette Règlementation et d'instituer une jurisprudence ouvrière ! Instruit par l'expérience de chaque jour et par une vie passée au milieu des ouvriers, nous croyons que ces seules réformes peuvent relever le niveau moral des Conseils de prud'hommes, empêcher les exactions de l'un ou de l'autre parti, condamner définitivement le mandat impératif, atténuer les grèves en les dépouillant de toute exagération, de toute violence, contribuer ainsi au bien-être désirable et désiré de la classe ouvrière et rassurer les entrepreneurs sans le concours desquels toute industrie ne peut que déchoir.

Nous pensons que l'organisation administrative des Conseils de prud'hommes — par arrondissement — aussi bien pour l'Industrie que pour le Commerce et l'Agriculture ne présenterait aucune difficulté, et offrirait au contraire d'immenses avantages. Il serait en effet plus équitable de juger tout ce qui concerne le travail de la même façon.

Nous verrions donc avec plaisir le Gouvernement prendre lui-même — avec l'assentiment du Parlement — l'initiative d'établir au plus vite dans chaque arrondissement :

1° La rédaction des usages locaux devant former une jurisprudence régionale ;

2° Cette rédaction serait complétée ensuite par l'établissement d'une jurisprudence générale pour la France entière, comprenant trois parties bien distinctes : Industrie, Commerce et Agriculture.

Toutes les communes de France seraient tenues d'avoir ces textes déposés au Secrétariat de leur mairie.

Tous les secrétaires de mairie, en général, hommes intelligents et dévoués, auraient pour mission de renseigner les plaideurs en leur livrant les textes qui ont rapport avec leurs conflits.

En cas de non gravité, un désistement immédiat s'imposera nécessairement.

Dans le cas contraire le secrétaire remettra au demandeur une feuille de citation qui devra parvenir sûrement au défendeur.

Un duplicata de cette citation devra être envoyé au secrétaire des prud'hommes de l'arrondissement pour son inscription au rôle.

Les audiences de conciliation se tiendront dans la matinée et celles du jugement dans l'après-midi.

On autorisera les témoins à être admis sur-le-champ sans autre formalité pour éviter toute remise de l'affaire.

Comme on le voit, cette organisation est simple et la justice sera sûrement bien rendue parce que ce sont les pairs qui la rendront et qu'elle sera basée sur des textes précis.

On objectera peut-être que cette réforme n'est autre chose que la suppression des juges de paix.

Mais ne peut-on pas répondre que ces derniers conserveront toujours leurs attributions en matière civile, que ces attributions pourront même être étendues et en tous cas le nombre de ces fonctionnaires devra être limité s'il y a lieu.

HISTORIQUE

DES

CONSEILS DE PRUD'HOMMES

———

Etude sur l'état de nos Industries locales avant la Révolution,
et recherche des édits qui les régissaient.

———

Nous ne pouvons mieux faire, voulant retracer l'historique de nos
Conseils, que de citer M. J. Lecerf, le distingué président des Prud'hommes
de Rouen.

« L'Histoire, écrit-il, n'offre aucune date précise sur l'origine de l'in-
» stitution des Prud'hommes (1).

» Au XIIIᵉ siècle, Louis IX, croit-on, fit trois règlements relatifs à la
» vente du poisson aux Halles de Paris. C'est à cette occcasion qu'on voit
» qu'il existait des Prud'hommes ou Jurés des Halles, qui maintenaient
» l'ordre et percevaient les amendes qu'encouraient les marchands en gros
» ou en détail. Ces Prud'hommes étaient nommés par le cuisinier du roi,
» qui obligeait les marchands *à jurer sur les saints*, de choisir le poisson
» dont le roi et la reine avaient besoin, et d'en fixer le prix en conscience;
» pour ce service, ils étaient exemptés du guet. Tout le poisson apporté
» acquittait le droit de tonlieu, c'est-à-dire le droit que percevait le roi sur
» toutes les marchandises du marché; il payait encore, outre le droit qui
» revenait aux Prud'hommes, le droit de *vendre*, le droit de *congé* et le droit
» de *halage*.

» Sous le règne de Philippe-le-Bel, une délibération du Conseil de la
» ville de Paris porte :

« Qu'on élira vingt-quatre Prud'hommes, qui seront tenus de venir au
» parloir aux bourgeois, au mandement du prévôt et des échevins, qui con-
» seilleront les bonnes gens et iront, avec le prévôt et les échevins, chez les

———

(1) Guide pratique du Conseiller Prud'homme, par J. Lecerf. — Rouen, 1890. Lecerf, éditeur.

» mestres, le Roi, ou ailleurs, à Paris ou dehors pour le profit de la
» ville. »

» L'institution des Prud'hommes pêcheurs à Marseille et dans plusieurs
» autres ports de mer remonte à 1452. Elle fut confirmée depuis par lettres
» patentes d'un grand nombre de rois.

» Un édit de Louis XI, du 26 avril 1464, donné à Nogent-le-Roi,
» octroie : « pouvoir aux conseillers, bourgeois, manants et habitants de la
» ville de Lyon de commettre un Prud'homme suffisant et idoire pour
» régler les contestations qui pourraient arriver entre les marchands
» fréquentant les foires de Lyon. »

» Avant 1789, il existait une institution qui se rattachait au régime des
» corporations, une sorte de magistrature, du nom de Juges-gardes ou Syn-
» dics de communautés, qui exerçait une surveillance sur les actes commer-
» ciaux, et obtenait, sans trop de rigueurs, la soumission des parties. Un
» tribunal commun, dont on ne connaît pas la date d'institution, fonction-
» nait à Lyon. Il avait pour mission de régler amiablement les difficultés
» qui s'élevaient entre les fabricants de soieries et leurs ouvriers.

» En 1790, une loi fut promulguée qui adjoignait des Prud'hommes
» assesseurs aux Juges de paix.

» Toutes ces institutions anciennes dont le but était spécial, particulier
» à quelques professions seulement, n'ont, on le voit, aucune analogie avec
» l'institution actuelle des Prud'hommes. Elles furent détruites, en même
» temps que les maîtrises et les jurandes, par la loi du 2 mars 1791, qui fit
» table rase des privilèges des corporations et de la suprématie du maître
» sur l'ouvrier.

» L'industrie, enchaînée jusque-là, abusa bientôt de la liberté illimitée
» dont elle jouissait, et on reconnut la nécessité de régulariser le travail.
» Une loi du 22 germinal an XI (12 avril 1803) autorisa l'établissement des
» chambres consultatives des manufactures, arts et métiers. Cette loi traita
» de la police des ateliers, des obligations entre les maîtres et les ouvriers,
» de la contrefaçon, des marques de fabrique. Elle soumit à la juridiction
» du Préfet de police à Paris, des commissaires généraux dans les villes où
» il en existait, des maires ou des adjoints dans les communes, les affaires
» de police entre ouvriers et apprentis, manufacturiers, fabricants et arti-
» sans. Cette loi punissait de l'amende et de l'emprisonnement toute coali-
» tion entre ceux qui faisaient travailler des ouvriers, tendant à forcer
» abusivement ou injustement l'abaissement des salaires, et toute coalition,
» de la part des ouvriers, pour faire cesser en même temps de travailler,
» interdire le travail dans certains ateliers, empêcher de s'y rendre, etc.,
» etc...

» C'est en 1806, par la loi du 18 mars, que fut institué le premier

» Conseil de Prud'hommes ; la ville de Lyon, lors du passage de Napoléon Ier
» en cette ville, en fut le berceau.

» La loi de 1806, quoique ne concernant que la ville de Lyon, contenait
» dans son esprit la faculté, pour le gouvernement, par un règlement
» d'administration publique, d'autoriser l'établissement de Conseils de
» Prud'hommes dans d'autres villes de fabrique.

» En l'espace de quatre ans, vingt Conseils de Prud'hommes s'éta-
» blirent : un à Clermont en 1806; deux en 1807, l'un à Rouen, l'autre à
» Nîmes; sept en 1808, à Avignon, à Mulhouse, à Troyes, à Thiers, à Sedan,
» à Carcassonne, à Saint-Quentin. On en comptait trois de plus en 1809 :
» à Limoux, à Reims, à Tarare, et six en 1810, dans les villes de Lodève,
» Lille, Saint-Etienne, Louviers, Roubaix et Marseille.

» Les Conseils de Prud'hommes se propageant ainsi, il devenait néces-
» saire de formuler des règles plus générales, auxquelles seraient soumises
» toutes ces juridictions.

» Un décret du 11 juin 1809, rectifié par un autre comprenant la pre-
» mière rédaction, fut inséré au Bulletin des Lois, à la date du 20 février
» 1810.

» D'après ce décret, les Conseils de Prud'hommes se composaient de
» marchands-fabricants, de chefs d'ateliers, de contremaîtres, de teinturiers
» ou d'ouvriers patentés. Le nombre en était variable et les marchands-
» fabricants devaient toujours avoir un membre de plus.

» Il établissait un bureau particulier, composé de deux membres, les-
» quels avaient pour mission de concilier les parties, et un bureau général
» qui ne délibérait que lorsque les deux tiers au moins des membres du
» Conseil étaient présents; il prenait connaissance des affaires non conci-
» liées et statuait séance tenante, par voie de jugement.

» Un décret ultérieur du 3 août 1810 autorise les Conseils de Prud'-
» hommes à juger toutes contestations entre marchands-fabricants, chefs
» d'ateliers, contremaîtres, ouvriers, compagnons et apprentis, quel que
» soit le chiffre du litige. Leurs jugements sont définitifs jusqu'à concurrence
» de cent francs au lieu de soixante; et au-dessus, ils sont sujets à l'appel.

» A leur juridiction appartient aussi tout délit tendant à troubler l'ordre
» et la discipline dans les ateliers, tout manquement grave des apprentis
» envers leurs maîtres.

» C'est dans la loi de 1806 qu'est l'origine de la véritable institution
» des Conseils de Prud'hommes; elle a servi de base aux lois et décrets
» ultérieurs qui en ont été le complément, ou plutôt le perfectionnement
» que devait y apporter l'expérience.

» De 1810 à 1828 aucun changement ne survient dans cette institution.
» La seule loi qui la concerne est celle du 28 novembre 1828,

» qui « autorise les membres des Conseils de Prud'hommes à porter pour
» insigne de leurs fonctions soit à l'audience, soit au dehors, une médaille
» d'argent suspendue à un ruban noir, en sautoir ».

» La Révolution de 1848 apporta de notables changements dans la cons-
» titution des Conseils de Prud'hommes, qui n'étaient composés jusqu'alors
» que de patrons et d'ouvriers patentés, en nombre impair pour *que l'élément*
» *patron* dominât toujours sur l'élément ouvrier.

» La loi du 27 mai 1848 détruisit cette inégalité arbitraire, en ordon-
» nant que le nombre des Prud'hommes ouvriers sera toujours égal à celui
» des Prud'hommes patrons, ne faisant aucune distinction entre les patrons,
» les ouvriers patentés et les ouvriers non patentés. Désormais, « sont
» électeurs tous les patrons, chefs d'ateliers, contremaîtres, ouvriers, com-
» pagnons, âgés de vingt et un ans et résidant depuis six mois au moins
» dans la circonscription du Conseil de Prud'hommes. (*Article modifié par*
» *la loi du 1ᵉʳ juin 1853.*)

» L'article 10 déclare éligibles « tous les patrons, chefs d'ateliers,
» contremaîtres, ouvriers, compagnons, âgés de vingt-cinq ans, sachant lire
» et écrire, et domiciliés, depuis un an au moins, dans la circonscription du
» Conseil. » (*Article modifié.*)

» L'article 12 considère comme patrons et admet à voter dans l'assem-
» blée des patrons tous ceux qui, depuis plus d'un an, paient la patente
» et occupent un ou plusieurs ouvriers. (*Article modifié.*)

» Cette loi, proposée et votée dans un esprit d'égalité et de fraternité,
» devait produire des résultats tout opposés. La mobilité dans la présidence,
» dont la durée n'était que de trois mois, et les rivalités entre les membres
» causèrent des désordres dans le sein des Conseils. Alors des réclamations
» nombreuses et réitérées se produisirent et provoquèrent la loi du 1ᵉʳ juin
» 1853, qui avait pour but d'y remédier.

» D'après cette nouvelle loi, la nomination des présidents et vice-pré-
» sidents qui se faisait par les Conseils fut conférée à l'Empereur, et le
» choix pouvait en être fait en dehors des Conseils.

» La durée de la présidence fut portée à trois années.

» Elle fixa l'âge électoral de vingt-un ans à vingt-cinq et l'âge d'éligi-
» bilité à trente ans.

» Les électeurs patrons devaient être patentés depuis cinq ans au
» moins, et résider depuis trois années dans la circonscription du Conseil.
» Les éligibles devaient savoir lire et écrire.

» Les contremaîtres et les chefs d'ateliers sont rangés dans la classe des
» ouvriers. Le système de l'élection double est supprimé.

» Les ouvriers et les patrons nomment directement les Prud'hommes
» appartenant à leur catégorie respective.

» En matière de compétence, les jugements des Conseils de Prud'-
» hommes sont déclarés définitifs et en dernier ressort lorsque le chiffre
» de la demande n'excède pas deux cents francs, sans qu'il soit nécessaire de
» fournir caution.

» Tels sont les principaux éléments de la loi de 1853 que complète celle
» du 24 mai 1864 sur la discipline des Conseils et la loi du 7 février 1880
» par laquelle l'élection des Présidents, Vice-Présidents et Secrétaires est
» rendue aux Conseils de Prud'hommes. Elle abroge en outre l'article 30 du
» décret du 18 mars 1806, relatif à la gratuité des fonctions des Prud'hom-
» mes négociants, fabricants. Désormais, les fonctions de Prud'hommes
» patrons et ouvriers peuvent être rétribuées. »

**

Nous avons été assez heureux de notre côté pour réunir des documents
très intéressants, sinon au point de vue de la prud'homie pure, tout au
moins comme étude générale et locale (1).

Ainsi qu'on sait, sous le règne de Louis XIV, les différents métiers
étaient répartis en corporations; d'ailleurs, les unions syndicataires tendent
actuellement à faire revivre ces corporations, — il convient de signaler le
fait sans le discuter. Or, les maîtres-jurés de la communauté-unie des
sergiers, étaminiers, peigneurs de laine, drappiers drappans (2) de la ville
de Reims ayant emprunté des sommes relativement considérables qu'ils
avaient à rembourser présentèrent les 30 décembre 1667 et 3 janvier 1668
une requête qui fut écoutée. « Le 24 janvier 1668, *un arrest de la Cour
de Parlement ordonna* pour faciliter le paiement de cette dette *une impo-
sition de la taille sur les métiers.*

» Tous les maîtres travailleurs ou faisant travailler en leurs maisons
pour eux, soit par leurs enfants, domestiques, apprentis ou compagnons,
durent payer pour chaque métier battant et travaillant la somme de 30 sols
chaque année et lesdits maîtres faisant travailler hors leurs maisons payerent
aussi pour chaque metier travaillant pour eux la somme de 15 sols. Et les
maîtres travaillant chez eux ou ailleurs, non pour eux, mais pour d'autres
maîtres payerent aussi 15 sols par metier et par an. Les maîtres ne travaillant pas durent payer 15 sols pour conserver les droits et privileges de la
maîtrise. »

C'est vers cette époque lointaine déjà de 230 ans que nous voyons
apparaître l'idée prud'homale. Nous allons citer en son entier et textuellement un règlement royal en date du 13 août 1669. Les articles spéciaux à
la ville de Reims viendront ensuite à la date du 13 septembre 1669.

---

(1) Bibliothèque F. Michaud, Reims.
(2) L'orthographe de tous les anciens textes a été respectée.

« Reglement pour la juridiction et differends concernant les manufactures attribuée aux Maires et Echevins des Villes ou autres faisants pareille fonction, du mois d'août 1669 et par lettres patentes du mois de décembre 1699 attribuées aux Lieutenants généraux de police.

» Louis, par la grâce de Dieu roi de France et de Navarre, à tous présents et à venir, salut.

» Les ouvriers des manufactures d'or, d'argent, soie, laine et fil et des teintures et blanchissage, s'étant beaucoup relâchés, et leurs ouvrages ne se trouvant plus de la qualité requise; nous aurions pour les rétablir dans leur plus grande perfection, fait dresser des statuts et règlements dans plusieurs Villes et principaux Lieux où les établissements ont été faits. Et d'autant qu'il peut naître des différens entre les marchands et les ouvriers employés auxdites manufactures, sur le fait d'icelles et desdits statuts, dont la poursuite les distrairoit de leur travail, s'ils n'étoient traités sommairement et par devant des juges qui aient une connaissance particulière de cette matière. Nous avons jugé à propos d'y pourvoir par un Règlement général, et de faire expédier nos lettres à ce contraire. A ces causes, de l'avis de notre Conseil et de notre certaine science, pleine puissance et autorité royale, Nous avons dit, statué et ordonné, et par ces présentes, signées de notre main, disons, statuons et ordonnons, voulons et Nous plaît, que les Maires et Echevins, Capitouls, Jurats et autres Officiers ayant pareilles fonctions dans les Hôtels de Ville de notre Royaume, connaissent en première instance et primativement à tous autres juges, de tous les différents mûs et à mouvoir entre les ouvriers employés auxdites manufactures, et entre les marchands et lesdits ouvriers, pour raison des longueurs, largeurs, qualités, visites, marques, fabrique ou valeur desdits ouvrages et manufactures d'or, d'argent, de soie, laine et fil, de qualités des laines, teintures et blanchissages, même des salaires des ouvriers employés dans lesdites manufactures, jusqu'à la somme de cent cinquante livres, en dernier ressort et sans appel; et par provision à quelque somme que ce puisse être, nonobstant l'appel. Voulons que lesdits procès soient traités sommairement sans ministère d'avocats ni procureurs, et à l'audience sur ce qui aura été dit et représenté par la bouche des parties; et où il y aurait quelques pièces à voir, et que les différens fussent de telle qualité qu'ils ne puissent être jugés sur le champ, les pièces seront mises sur le bureau, pour être les différens jugés sans appointements, procédures ni autres formalités de justice, et sans que pour quelle cause que ce puisse être, lesdits Maires et Echevins, Capitouls, Jurats et autres puissent recevoir ni prendre aucun droits, sous prétexte d'épices, salaires ou vacations, ni les greffiers aucuns autres droits que deux sols seulement pour chaque feuillet des sentences qu'ils expédiront, lesquelles sentences seront écrites en la forme et manière portées par les règlements faits pour les juridictions des Juges-Consuls.

» Connaîtront pareillement lesdits Maires, Echevins, Capitouls, Jurats et autres ayant pareilles fonctions des comptes des Gardes et Jurés des Communautés desdites manufactures, qui seront rendus en la présence de l'un d'eux gratuitement et sans frais; le tout à peine de concussion.

» Et pour faciliter l'expédition desdits procès, qui pourraient retarder par la multiplicité des Juges : Voulons qu'il n'y en puisse avoir que six au plus dans les grandes villes, dont le Conseil se trouvera composé de plusieurs Echevins et Conseillers de ville, qui seront pris et tirés du corps de ceux-ci et nommés comme les plus intelligents dans les manufactures, à la pluralité des voix, dont trois seront annuellement changés et trois autres nommés en sorte qu'il y ait toujours trois anciens et trois nouveaux et à l'égard des autres villes et principaux bourgs où lesdits établissements se trouveront faits. Il n'y en aura que deux ou trois au plus dont l'un sortira à la fin de chaque année, à la place duquel un autre sera nommé, en sorte qu'il y en ait toujours un ou deux anciens et un nouveau.

» L'un desdits Echevins nommés sera actuellement marchand ou aura pendant six années au moins fait la marchandise, à peine de nullité de son élection.

» Pourront lesdits Echevins nommés prendre les avis des Maîtres et Gardes Jurés en charge des ouvrages desdites manufactures, qu'ils seront tenus de donner en personne ou par écrit, aussitôt qu'ils en seront requis gratuitement et sans frais.

» Seront tenus lesdits Echevins nommés de juger et prononcer suivant les statuts et règlements de chacun métier dont il s'agit, sans que les peines produites par ceux-ci puissent être remises ni modérées, à peine d'en répondre en leurs propres et privés noms.

» Seront lesdits ouvriers et autres parties condamnés, contraints par corps au paiement des sommes portées par les jugements qui interviendront, nonobstant toutes lettres de répit, surséances et défenses qu'ils pourraient obtenir, que nous avons dès à présent déclarées nulles et de nul effet.

» Faisons très expresse inhibition et défense à tous autres juges de connaître des susdits différents, et aux partis de faire aucunes poursuites pour raison de ce que dessus, que par devant lesdits Echevins, Capitouls, Jurats ou autres ayant pareilles fonctions, à peine de nullité, cassation de procédure, dépens, dommages-intérêts.

» N'entendons néanmoins comprendre en ces présentes notre bonne ville de Paris, ni déroger aux Edits, Déclarations et Règlements faits en notre Conseil, concernant l'élection et juridiction tant civile que criminelle, des Prévôts, des Marchands Echevins et Juges-Conservateurs de la ville de Lyon, pour le fait de police des Arts et Métiers, Commerce et Manufactures de cette ville, que Nous voulons être exécutés selon leur forme et teneur.

» Si donnans en mandement à nos amés et féaux Conseillers les Gens tenant notre Cour de Parlement à Paris, que ces présentes ils ayent à registrer et le contenu en celles-ci faire garder et observer selon la forme et teneur, cessant ou faisant cesser tous troubles et empêchements qui pourraient être mis et donnés, nonobstant tous Edits, Déclarations, Règlements, Arrêts et autres choses à ce contraire, auxquels Nous avons dérogé et dérogeons par ces présentes, aux copies collationnées desquelles par l'un de nos amés Conseillers et Secrétaires, foi soit ajoutée comme à l'original; car tel est notre plaisir. Et afin que ce soit chose ferme et stable, Nous avons fait mettre notre scel, à ces dites Présentes. Donné à Saint-Germain-en-Laye, le......... jour d'Août, l'an de grâce mil six cent soixante-neuf, et de notre règne le vingt-septième. Signé Louis, et plus bas, par le roi, Colbert. Et scellé du grand sceau de cire verte sur lacs de soie rouge et verte; et sur le repli est encore écrit :

» Lu, publié et registré ouï et ce requérant le Procureur général du Roy pour être exécuté selon la forme et teneur. A Paris, le Roi y séant en son Lit de Justice le treizième Août mil six cent soixante-neuf.

» Signé : DU TILLET.

» Collationné à l'original par moi soussigné Conseiller et Secrétaire du Roy, Maison-Couronne de France.

» Signé : LE NORMANT. »

Voici maintenant les articles des statuts et règlements pour les manufactures de draps, serges et étamines en la Ville de Reims avec l'arrêt du Conseil qui les confirme et la commission en conséquence du 13 septembre 1669. Nous en ferons un examen rapide :

Défense de travailler et de vendre les jours fériés. — Assistance obligatoire à la messe de la corporation et des décédés. — Nomination des maîtres-jurés (sorte de Prud'hommes). — Compte de gestion des maîtres-jurés sortants. — Surveillance des matières par les jurés. — Vérification des longueurs et largeurs, visites chez les ouvriers, foulons et retendeurs, sur les métiers et dans les lieux où les marchandises sont apprêtées ou non apprêtées. Obligation par eux de rapporter des procès-verbaux de visite au lieutenant, aux gens du Conseil et échevins de la Ville de Reims qui ordonneront. — Avant d'être maître, obligation de faire trois années d'apprentissage.

Les maîtres et ouvriers étrangers ne pouvaient être admis dans la corporation sans l'assentiment du corps de métier.

En cas de départ de ces derniers pour l'étranger leurs biens appartenaient au roi. — Un maître ne pouvait avoir qu'un apprenti. — Défense de vendre ou d'acheter des chaînes et fils de laine ailleurs que sur la place Saint-Pierre, les mercredi et samedi. — Défense de façonner ou teindre des tissus qui ne soient mesurés en longueur et largeur. — Les tissus étaient mesurés et plombés avant les livraisons et une peine était infligée à l'acheteur et à l'ouvrier si ces règles n'étaient pas observées. — La qualité devait être la même sur toute la surface de l'étoffe. — Défense d'employer des ingrédients pouvant tromper sur la qualité de la marchandise soit comme poids, soit comme qualité. — Défense de tirer sur les étoffes susceptibles de rentrer ensuite. — Largeur obligatoire des étoffes. — Marchandises sèches. — Visite des jurés-prud'hommes. — Nom de l'ouvrier sur l'étoffe. — Visite et marque des marchandises. — Police des ouvriers. — Défense aux regratiers des laines de faire des achats de laine. — Police et privilège pour les outils et matières servant aux maîtres manufacturiers-façonniers. Même privilège pour les propriétaires maîtres manufacturiers.

Les articles XLI et XLII sont à citer tout entiers. Nous retrouvons l'action prud'homale sous une forme différente de la nôtre, mais basée sur le même esprit.

« XLI. — Et en ce cas que les maîtres dudit corps ayant des différents
» entr'eux pour le fait de la manufacture desdits draps, serges et étamines
» et pareillement les compagnons, ouvriers, apprentis ou autres employés
» dans ledit corps ils seront tenus de se pourvoir par devant lesdits
» *lieutenant, gens du Conseil, et échevins* de ladite Ville, pour leur être
» fait droit, ainsi qu'il appartiendra, sans frais.

» XLII. — Tous les trois mois sera tenu Conseil de police pour lesdites
» manufactures en ladite Ville de Reims par les *lieutenant* et échevins de
» ladite Ville, auxquels les marchands, *Egards et jurés* et *tous ceux qui*
» *auront vaqué aux visites* des marchandises, et les douze maîtres dudit
» corps assisteront, même quelques marchands de laine, pour rendre
» compte verbal de leur gestion et donner leur avis pour perfectionner
» lesdites manufactures et empêcher les abus qui s'y commettront et de
» tout en informer M. le surintendant des arts et manufactures de France. »

Les articles suivants sont également intéressants à rappeler :

Les chaînes devaient avoir un nombre d'aulnes déterminées.

Les marchandises des forains étaient visitées comme qualité et métrage. — Les laines ne pouvaient être vendues que par des maîtres de la Communauté.

Citons textuellement l'article XLVI :

« Comme aussi sont faites défenses à tous maîtres de ladite Commu-
» nauté d'avoir en leur logis ou ailleurs plus de six métiers ou com-

» pagnons ouvrant ou travaillant tant en serges, étamines, draps, mantes,
» serges drappées qu'autres étoffes dépendant de la manufacture de ladite
» Communauté avec quatre peigneurs et un apprenti, à peine de quatre
» livres seize sols parisis d'amendes. »

Les compagnons ne pouvaient quitter leur maître avant d'avoir terminé les ouvrages commencés par eux.

Les maîtres n'avaient pas le droit d'attirer et de retenir des compagnons sans l'autorisation des maîtres.

Il était défendu à ceux qui n'étaient pas du métier de travailler dans ce métier. — La vente des marchandises devait être faite par les maîtres, leurs femmes et leurs enfants. Les compagnons ne pouvaient ni se liguer ni avoir de monopole. Les veuves avaient les mêmes privilèges que leur mari. Ces privilèges disparaissaient en cas de remariage.

L'article LVII est à citer : il annonce en quelque sorte les attributions de notre Bureau municipal de mesurage actuel. « Tous les ouvriers
» seront tenus de donner huit deniers pour chacune pièce de serges qui
» leur sera aulnée et marquée et ce tant pour les frais de l'aulnage et
» marque que pour les salaires de celui qui y vacquera et ce à proportion
» de l'ancienne marque des étamines et sans que pour quelque cause et
» occasion que ce soit ledit droit puisse être augmenté. »

Voilà l'ensemble de la réglementation.

Le 1er juin 1700, un arrêt du Conseil d'Etat du roi porte un règlement pour les longueurs et largeurs des marchandises de la manufacture de Reims.

Le 8 avril 1718, un nouvel arrêt du Conseil d'Etat porte le règlement pour les étoffes lisses appelées Dauphines, pour les marocs et les étamines à fouler, dites « à la royale » qui se fabriquent dans la place de Reims.

Les lames et les rots servant à fabriquer ces étoffes devaient être poinçonnés ; les laines devaient provenir de Champagne, Brie et Bourgogne pour les articles Dauphines et étamines ; d'Espagne et du Berry pour les marocs.

Le 15 août 1724, pareil arrêt fut rendu pour les articles de droguets.

Le 27 mai 1732, un arrêt est rendu en faveur des maîtres sergiers contre les marchands drapiers et merciers ; cet arrêt décharge les maîtres sergiers de la garantie de leurs pièces après la teinture.

Le 1er octobre 1735, un arrêt règle la vente des laines et défend de mélanger différentes qualités et de mouiller ces produits.

Le 14 novembre 1736, une ordonnance est rendue par laquelle les maîtres couverturiers sont tenus d'opter de la fabrique des couvertures ou de celle des étoffes de la manufacture de Reims, avec « deffenses » à ceux qui auront opté pour la fabrique des couvertures de faire à l'avenir aucunes étoffes sous peine de trois cents livres d'amendes.

Le 15 juillet 1749, un arrêt du Conseil d'Etat permet aux maîtres sergiers, drappiers, étaminiers de la Ville de Reims, de fabriquer les différentes sortes d'étoffes de leur manufacture à quarante-huit ou cinquante aulnes, mesure de Paris, parce qu'on faisait les habits plus amples qu'en 1724, date du précédent arrêt.

Le 20 juin 1741, un arrêt du Conseil d'Etat fait entre autres choses défenses de vendre aucune chaîne de fil de laine ailleurs que sur la place Saint-Pierre et en défend l'amas en magasin, revente ou transport. L'objet de cette défense était d'empêcher par l'amas, de resserrer les chaînes et d'en augmenter le prix. La revente était également défendue pour ce dernier motif. Les chaînes devaient être immédiatement livrées à l'ouvrier pour être tissées.

Le 11 septembre 1746, un arrêt du Conseil d'Etat ordonne que les fabriquans de la Ville de Reims seront tenus de tisser à la tête et à la queue des marocs et croisés qu'ils fabriquent en blanc les mots *première, seconde* et *troisième qualité*, afin d'éviter les fraudes au moment de la vente.

La première qualité devait être faite avec de la laine d'Espagne dite première segovienne; la seconde avec la laine dite segovienne, et la troisième sur les marocs et croisés communs avec de la laine de Berry ou de la plus fine laine de Bourgogne.

Le 1er décembre 1747 « un jugement de police condamne à l'amende un fabriquant pour avoir fait faire à une pièce d'étoffe un endroit mieux tissé que le reste de la pièce; fait défenses aux autres fabriquans de faire des montres à leurs étoffes sous peine de confiscation ». On voulait ainsi éviter la possibilité de tromper l'acheteur en lui soumettant une partie de la marchandise meilleure que le corps de la pièce.

Le 2 Janvier 1749. — Des lettres patentes sur arrest portent règlement pour les *Compagnons et Ouvriers* qui travaillent dans les Fabriques et Manufactures du royaume. En voici les termes :

I. Faisons très expresses inhibitions à tous Compagnons et Ouvriers employés dans les Fabriques et Manufactures de notre Royaume, de quelque sorte qu'elles soient, de les quitter pour aller travailler ailleurs, sans en avoir obtenu un Congé exprès et par écrit de leurs Maîtres, à peine contre lesdits Compagnons et Ouvriers de cent livres d'amende, au paiement de laquelle ils seront contraints par corps.

II. Pourront néanmoins lesdits Compagnons et Ouvriers dans le cas où ils ne seraient pas payés par leurs Maîtres, et qu'ils essuieraient de mauvais traitements, qu'ils les laisseraient sans ouvrage, ou pour d'autres causes légitimes, se pourvoir par devant les Juges de Police des Lieux, pour en obtenir si le cas y échoit, un billet de Congé, qui ne pourra cependant leur être délivré en aucun cas qu'ils n'aient achevé les ouvrages qu'ils auraient commencés chez leurs Maîtres, et acquitté les avances qui pourraient leur avoir été faites.

III. Faisons pareillement défense à tous les Compagnons et Ouvriers de s'assembler en Corps, sous prétexte de Confrérie ou autrement, de cabaler entre eux pour se placer les uns les autres chez des Maîtres, ou pour en sortir, ni d'empêcher de quelque manière que ce soit lesdits Maîtres, de choisir eux-mêmes leurs Ouvriers, soit Français ou Etrangers, sous pareille peine de cent livres contre lesdits Compagnons et Ouvriers, payables comme dessus.

IV. Faisons aussi très expresses défenses à tous Fabricants de Fabriques et Manufactures, de prendre à leur service aucuns Compagnons et Ouvriers ayant travaillé chez d'autres de leur état et profession dans notre Royaume sans qu'il leur soit apparu d'un Congé par écrit des Maîtres qu'ils auront quittés, ou des Juges de Police, en certains cas à peine de trois cents livres d'amende pour chaque contravention, et de tous dépens, dommages et intérêts.

Le 1er Août 1749, une ordonnance de police enjoint aux fabriquants des campagnes de se faire inscrire par nom, surnoms et demeures au greffe de la police, avant de pouvoir travailler, afin d'éviter la fabrication de mauvaises étoffes.

Le 20 Décembre 1749, une ordonnance de M. l'Intendant de Champagne enjoint aux foulonniers de n'employer dans le foulage des étoffes qui leur sont confiées aucune autre terre que celle de la montagne de Pargny.

Le 31 Décembre 1750, une ordonnance de l'Intendant permet aux fabriquants d'ourdir ou faire ourdir les chaînes des étamines à la longueur convenable, pour revenir après les apprêts à 43 ou 44 aulnes — mesure de Paris.

En voici la raison : Il se faisait en Espagne et en Portugal une consommation considérable de cette étoffe pour l'habillement des ecclésiastiques, et les négociants de Lisbonne les demandaient à cette longueur pour la facilité de leur vente.

Le 31 Décembre 1750, un règlement est composé au sujet des étoffes qui se fabriquent dans les villes, fauxbourgs et banlieue de Reims, sous les noms de draps de Silésie, Cannelés et Impériales.

On indique les rots et lames qui doivent servir, le nombre de fils à employer et la longueur des chaînes pour chaque pièce ainsi que la nature des laines qui la composeront en chaîne et en trame. Chaque Ouvrier tisseur était tenu de frapper deux coups sur la même duite et de mettre une quantité déterminée de trame dans la longueur totale de façon à ce que le poids et la qualité soient ceux fixés à l'avance par le règlement. Les détails de dégraissage et de foulerie des pièces étaient également prescrits.

Le 20 Février 1753, une ordonnance de l'Intendant prescrit :

La réunion des Gardes et Jurés chaque semaine pour décider du sort des marchandises saisies à l'inspection ;

Les foulonniers et teinturiers sont responsables des pièces une fois traitées — à moins de vices cachés ;

Les pièces au-dessus de 43 sols doivent être teintes en grand et grand teint ;

Les pièces sont plombées lors de la visite du bureau de fabrique et on ne se sert plus de la Rose en huille et noir de fumée apposée à l'extrémité des pièces.

Le 16 Août 1753, une ordonnance de police impose la marque du nouveau plomb de fabrique de toutes les étoffes de cette manufacture tant en toile qu'en foulé.

Le 24 Septembre 1753, un arrêt du Conseil d'Etat détermine quand les marchands-vendeurs sont responsables des marchandises qu'ils ont achetées aux fabriquants, lorsque les règlements n'ont pas été respectés.

Le 19 Février 1856, une ordonnance de l'Intendant de Champagne règle la distraction des deniers des bureaux de fabrique et de contrôle dont la recette doit se faire séparément par les Gardes et les Jurés desdits bureaux.

A la date du 13 Juillet 1756 on trouve un pourvoi du Conseil de Commerce, contre l'ordonnance ci-dessus. La lecture en est intéressante, mais elle est trop longue pour être rapportée ici.

Le 22 Juillet 1756, un jugement de police et manufactures fait deffenses à tous Regrattiers d'acheter des laines dans les halles ou marchés de Reims, que trois heures après quelles y auront été exposées en vente, ni d'aller dans l'étendue de la banlieue, arrher ou acheter lesdites laines, sous peine de confiscation et d'amende.

Le 10 mars 1757, un jugement de police permet aux fabriquants de la ville de Reims d'acheter chez leurs confrères, les pièces d'étoffes qui leur manqueront pour compléter et reassortir leur envoi.

Le 14 Juillet 1757, un jugement de police concernant le commerce des laines ordonne l'exécution de l'arrêt du Conseil d'Etat du Roi, du 9 mai 1669 par lequel il est fait deffense d'acheter des laines avant que les moutons ayent été tondus; et à toutes personnes qui ne sont point marchands ou fabriquants de laine d'en faire trafic ou commerce.

⁎

Ce n'était pas seulement à Reims, que l'industrie lainière était prospère et que ces édits royaux étaient en vigueur. De bonne heure les campagnes rivalisèrent avec les ouvriers des villes, pour la production et la qualité des produits. Nous laissons ici la parole à M. Charles Nicol (1).

La célébrité de l'industrie lainière dans nos pays, paraît remonter à la plus haute antiquité. Les Romains avaient établi dans la Civitas Remorum des fabriques de toiles et de tissus brodés. Les croisades firent connaître et apprécier au loin les fines étoffes blanches de Reims. Aussi les voyons-nous figurer parmi les présents que les rois offraient aux princes de l'Orient, de l'Egypte et de la côte Africaine.

Les communes de la vallée de la Suippe ont, elles aussi, été de bonne heure associées à la fortune de l'active et industrieuse cité. Quoi de plus naturel, en effet, que l'idée d'utiliser comme force motrice les eaux des rivières? Au XIVe siècle, nos seigneurs chanoines établirent à la place de leur moulin à blé d'importantes fouleries qu'ils affermèrent à partir de 1753 à des marchands drapiers de Reims. « C'est vers cette époque (1560), dit un » rapport à l'intendance, que les fabricants commencèrent à négliger le tra- » vail des grosses draperies et des toiles pour s'appliquer à d'autres étoffes ‚ de laine plus légères et plus fines dont ils crurent que la consommation » serait plus considérable et plus avantageuse. Les habitants d'un grand » nombre de villages situés sur la rivière de Suippe, s'appliquèrent plus » particulièrement aux fabriques des étamines blanches dites étamines » fortes, des étamines demi-fortes et autres. » L'idée fut heureuse, car la nouveauté de l'article prit un tel développement que les marchands merciers demandèrent et obtinrent, en 1639, des lettres patentes pour l'établissement de leur communauté avec privilège exclusif de vente.

Cette prospérité s'accrut encore avec Colbert. Le grand ministre voulut que l'industrie de son pays natal n'eût pas de rivale en Europe, qu'elle pro- duisît beaucoup et qu'elle produisît bien : il organisa le système protecteur, frappa de droits considérables les produits venant du dehors, attira les ouvriers étrangers, acheta leurs secrets et encouragea les tentatives heu- reuses par des privilèges qui équivalaient à des subventions. Plus de mille métiers battaient la laine dans cette vallée. On imita, en les égalant, les toiles et les serges de Hollande, on fit des étamines de tous les genres et on fabriqua aussi de ces petits draps dits *droguets*, qui eurent tant de vogue en Allemagne, en Flandre et en Italie.

Malheureusement, Colbert céda à l'esprit du temps : dans le but de bannir la fraude du commerce et de protéger l'acheteur, il réglementa le travail et ne laissa rien à l'initiative individuelle. Les savantes ordonnances de 1669 fixaient avec les plus grands détails la manière dont devaient être tissées les

(1) Histoire de Pontfaverger, Reims, Imp. de l'*Indépendant Rémois*, 1895.

pièces, leur longueur, leur largeur, le nombre des fils, etc. Pas un drap n'était mis en vente avant que les Prud'hommes n'eussent vérifié s'il était conforme aux prescriptions légales.

Tout maître devait faire un apprentissage de trois ans et il lui était interdit d'avoir plus de six métiers, quatre peigneurs et un apprenti.

L'application d'un tel système devint aisément vexatoire pour peu qu'elle fût confiée à une hiérarchie de fonctionnaires à l'esprit formaliste. Nos pères surent pendant longtemps esquiver la surveillance tracassière de tous ces régulateurs de l'industrie. Mais il existait alors dans la classe ouvrière des villes un esprit d'aveugle défiance à l'égard des campagnes. Nos ancêtres furent en butte à la jalousie de leurs confrères de Reims qui, en 1725, les dénoncèrent à l'administration supérieure. « Je suis informé, écrivait l'Inten-
» dant au sieur Callou, inspecteur des manufactures au département de
» Reims, qu'il se fabrique dans plusieurs villages des toiles, des serges et
» autres étoffes de laine par nombre de particuliers qui, ne se trouvant
» point sujets à aucune visite ni règlement, n'emploient que de mauvaises
» matières premières et trompent les paysans et autres particuliers. D'ail-
» leurs, cet abus fait un tort considérable aux fabriques et aux communautés
» de villes et donne lieu à l'abandon des terres. *Les gens de la campagne*
» *ne doivent s'occuper que de leur culture*, les manufactures devant être
» enfermées dans les villes et autres lieux permis afin d'y faire subsister
» beaucoup d'habitants qui y font leur occupation. » (Archives départe-
mentales, C. 499.) Ainsi, pour le monde officiel, tout n'était qu'anarchie, vol et tromperie, en dehors de l'étroite observance des doctrines et règlements de Colbert; et ce droit si naturel à l'homme de travailler dans un métier librement choisi paraissait alors contraire au bon ordre et à la justice.

Callou était pour le temps un des rares inspecteurs qui professaient des principes libéraux et tempérés. Voici ce qu'il répondait le 30 octobre 1735 :
« On observe que les maîtres fabricants occupent dans les villages de la
» Suippe un grand nombre d'ouvriers tisseurs, cardeurs, fileurs pour diffé-
» rentes fabriques des petites étoffes dudit Reims : presque toutes les femmes
» et enfants sont occupés du filage de la laine pour les chaines des étoffes
» de ces manufactures.

» Ce serait donc porter un grand préjudice à la subsistance des habi-
» tants que d'ordonner la suppression des fabriques établies sur la Suippe et
» d'empêcher le travail des femmes et des enfants et même des vieillards et
» gens impotents qui n'auraient point d'autre ressource pour gagner leur
» vie.

» On ne connaît dans ces villages aucune fabrique d'étoffe de grosse

» draperie, les fabriques de toile y sont peu considérables, et les tisserands,
» qui y vendent, y fabriquent seulement des toiles pour l'usage des habits ;
» ces toiles ne sont ordinairement travaillées *que par les fils (sic)* des parti-
» culiers qui en ont besoin pour leur consommation... Elles sont le fruit des
» veillées et n'entrent jamais dans le commerce. »

C'est grâce à ces affirmations que nos pères purent continuer le tissage concurremment avec la culture des champs. L'inspecteur avait amoindri à dessein l'importance industrielle de nos contrées, car dans un de ses autres rapports, nous lisons : « Les fabriques de la Suippe se sont fort étendues
» dans ces derniers temps (1720-1735) ; on peut dire qu'elles fournissent à la
» nourriture d'un grand peuple qui ne peut trouver des ressources dans la
» culture des terres, d'autant que, dans les territoires situés près de la
» rivière, les fourrages n'y sont pas assez abondants pour nourrir un grand
» nombre de bestiaux. »

C'est à cette époque que le Chapitre Notre-Dame fit agrandir et restaurer sa foulerie du Pont-Chaton ; un second moulin fut établi par les nommés Joseph Rousseau et Pierre Lamblot, maîtres charpentiers de Reims. Le commerce de Reims embrassait en 1732 plus de vingt-huit sortes d'étoffes de laine, droguets, raz de Maroc, dauphines, serges croisées ou raz de castor, burats blancs, étamines rayées et quadrillées, flanelles croisées et tissus d'Angleterre, étamines buratées, étamines à voiles de religieuses, draps de filerie, etc. Nos contrées étaient alors des centres considérables de production. Pontfaverger et Epoye fabriquaient, dit le mémoire de l'Intendant, 1,326 pièces par an ; Selles, Saint-Masmes et Heutrégiville, 1,872 pièces.

Les puissances étrangères, jalouses d'un tel succès, se coalisèrent, sous l'inspiration de l'égoïste Albion, pour ruiner notre commerce. On répandit partout l'opinion que nos laines champenoises étaient inférieures à celles de l'Angleterre et de l'Allemagne. L'industrie rémoise, menacée de la ruine, ferma quelques-unes de ses fabriques ; nos fouleries que le Chapitre avait aliénées en 1737 à la famille Duchatel furent abandonnées, puis tombèrent en ruines ; un grand nombre d'artisans végétèrent pendant de longues années.

Les dangers furent conjurés grâce à l'introduction par nos éleveurs des races pures de Léon et de Ségovie, et, à la veille de la Révolution, en 1748, on comptait encore dans notre vallée 946 métiers fabriquant annuellement 12,764 pièces d'une valeur totale de 1.429.340 francs.

***

Tel est l'historique de nos Conseils de prud'hommes, et telle est aussi, rapidement esquissée, la situation de nos industries locales avant 1789.

On remarquera sans peine que sous l'ancien régime on s'attachait avec excès à la qualité du produit sans tenir assez compte du producteur. Peut-être faut-il regretter que la concurrence et les exigences de production à bon marché aient aujourd'hui abaissé la qualité des produits. Mais nous voulons retenir surtout que la situation de l'ouvrier n'a pas reçu cette amélioration qu'il était en droit d'attendre de la Révolution, que des règlementations douloureuses pèsent encore sur lui, qu'il est moins que tout autre à l'abri des exactions et des injustices.

C'est pourquoi il nous semble juste que les Conseils de prud'hommes, chargés de s'occuper de ceux qui produisent, ouvriers et patrons, puissent s'appuyer sur les règles fixes d'un Code ouvrier devenu nécessaire, afin de mener à bien leur tâche qui peut être si féconde et qui est tout entière de conciliation et de paix sociale.

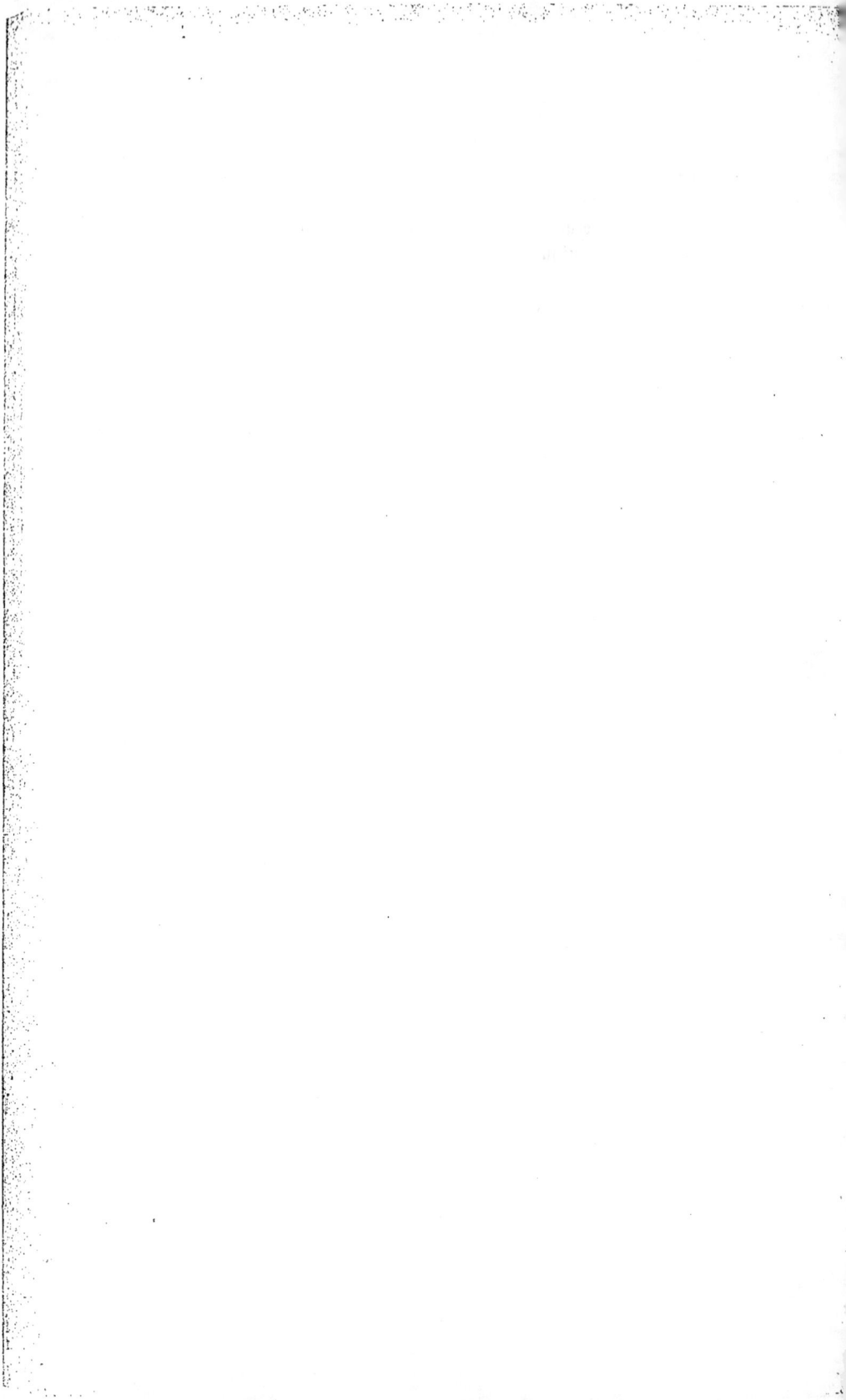

RÉSUMÉ

JURISPRUDENCE GÉNÉRALE

———

La loi, avant toute tentative de conciliation, doit recevoir entière satisfaction.

Conciliation

Page 27.

Les justiciables peuvent en faire la demande, car les dispositions de l'article 7 du Code de procédure civile autorisent les parties à se présenter volontairement devant le juge de paix, à lui soumettre leur différend, et à réquérir jugement.

Affaire non conciliée portée de suite devant le bureau général.

Page 30.

DE L'APPRENTISSAGE

Le contrat d'apprentissage est celui par lequel le maître s'engage à enseigner l'exercice de sa profession à l'apprenti qui, en retour, doit travailler pour le maître.

Il est verbal ou écrit.

Il peut être fait sous seing privé ; il peut être reçu par les notaires, greffiers de justice de paix, secrétaires de Conseils de prud'hommes.

Dans ce dernier cas, il est authentique.

Nature du contrat.

Page 37.

Capacité des parties.

Toutes personnes majeures et jouissant de leurs droits civils peuvent passer un contrat d'apprentissage en qualité de maître.

Le peuvent également : la femme commerçante, séparée de biens d'avec son mari, ou commune en biens et autorisée par celui-ci à faire le commerce.

Le mineur émancipé ne peut le faire comme apprenti que dans la limite de l'administration de ses biens.

Le mineur ne peut traiter ni comme maître ni comme apprenti.

Les personnes capables de traiter pour le mineur sont :

Le père ;

La mère veuve, ou, si elle est mariée, avec l'autorisation de son mari, et seule, si celui-ci a disparu ; en cas de désaccord avec son mari, elle peut se faire autoriser par justice ;

En cas de séparation de corps ou de divorce, celui des époux qui a la garde de l'enfant ;

Le tuteur, avec ou sans l'autorisation du conseil de famille ;

Le juge de paix ou la personne désignée par lui ;

Le père ou la mère naturelle qui a reconnu l'enfant ;

Les directeurs d'asiles, d'hospices, d'établissements de charité ou de bienfaisance, les présidents de conseils d'administration ou membres désignés par eux, pour les enfants trouvés ou abandonnés placés dans ces asiles.

Page 37.

De la Durée.

Aucune loi ne fixe la durée du contrat. Elle est déterminée par les usages, la nature de la profession, et selon que le prix de l'apprentissage consistera en argent ou en travail seulement ; dans ce dernier cas, la durée est nécessairement plus longue, de même lorsque le maître aura dû loger, nourrir et entretenir l'apprenti.

Cette durée peut être réduite par les tribunaux comme excessive si elle dépasse la durée consacrée par les usages locaux.

La preuve testimoniale de la durée du contrat ne peut être admise au delà de 150 francs.

Page 40.

Le prix de l'apprentissage peut consister soit en argent,
soit en travail, soit en argent et travail réunis ; toute latitude
est laissée aux parties à cet égard.

Il y a compensation entre les services que rend le maître
à l'apprenti par l'enseignement de sa profession, et les services
que ce dernier lui rend lui-même par son travail, ou l'argent
qu'il lui verse.

L'action en paiement du prix se prescrit :

Pour le maître : par un an (art. 2272, C. C.). ;

Pour l'apprenti : par six mois (art. 2271. C. C.).

La prescription de cinq ans n'est pas applicable.

Page 41.

La preuve du contrat s'établit :

1° Par la preuve testimoniale jusqu'à concurrence de
150 francs.

2° Par l'interrogatoire sur faits et articles, conformément
à l'article 324, C. proc. civ.

3° Par l'aveu judiciaire.

L'aveu judiciaire est indivisible : on ne peut demander
acte d'un fait et en rejeter un autre allégué en même temps ;
il faut l'admettre pour le tout dans son ensemble ou renoncer
à s'en prévaloir.

4° Par le serment décisoire, ou le serment déféré d'office
par le juge, et dans ce dernier cas, lorsque « la demande ou
l'exception n'est pas pleinement justifiée, et lorsqu'elle n'est
pas totalement dénuée de preuves ».

5° Par les présomptions légales et les présomptions simples;
ces dernières doivent être graves, précises et concordantes.

Page 43.

Le maître doit se conduire en bon père de famille, surveiller
la conduite et les mœurs de l'apprenti et avertir ses représentants des fautes graves qu'il pourrait commettre ou de ses
mauvais penchants.

Il sera bon avec l'apprenti et lui donnera des conseils.
Il pourra être sévère, mais jamais ni grossier ni brutal. Il ne
lui infligera pas de corrections corporelles.

Il veillera à ce qu'il ne soit pas exposé aux grossièretés ni aux brutalités des autres personnes de l'atelier, à ce qu'il n'en soit pas le jouet ou la risée; à ce qu'il ne soit pas le témoin d'actes ou de paroles grossières ou indécentes.

Il surveillera l'apprenti hors de sa maison, le réprimandera et avertira ses représentants des écarts de conduite auxquels il pourra se livrer.

S'il est obligé de le nourrir et de l'entretenir, il lui donnera un logement convenable et salubre, une nourriture saine et suffisante, des vêtements et du linge propres.

Si l'apprenti est malade ou blessé, il le soignera, fera venir un médecin et se conformera aux prescriptions de celui-ci.

Toutefois si la maladie menaçait d'être longue, il pourra le faire reprendre par ses représentants, et, au cas de refus de ceux-ci, le faire admettre dans un hospice.

Page 45.

De l'Enseigne-
ment profes-
sionnel.

Le maître doit enseigner à l'apprenti progressivement et complètement l'art, le métier ou la profession qui fait l'objet du contrat.

Il doit le mettre au courant de tous les procédés en usage dans la profession ; mais il n'est pas tenu de l'initier aux procédés particuliers à lui, à moins de convention formelle, et différents de ceux employés dans la pratique ordinaire du métier, non plus que de ceux pour lesquels il s'est fait breveter. Ces procédés spéciaux sont une propriété personnelle que le maître peut conserver par devers lui.

Le maître n'est pas tenu d'instruire lui-même l'apprenti. Il a la faculté de se faire suppléer par des contremaîtres ou ouvriers, sous sa responsabilité.

L'enseignement doit être progressif et en rapport avec les aptitudes et l'habileté de l'apprenti ; on ne peut établir aucune règle à cet égard, et le maître est le juge des progrès de l'apprenti.

L'apprenti ne sera employé, sauf conventions contraires, qu'aux travaux et services qui se rattachent à l'exercice de la profession. Il ne le sera jamais à un travail au-dessus de ses forces.

Sauf de rares exceptions et alors seulement que l'apprenti ne paiera aucune somme en argent, il ne pourra être employé aux travaux du ménage des maîtres, pas plus qu'à faire des courses en dehors de la profession ; encore ne sera-ce que s'il ne peut être occupé.

Si le prix de l'apprentissage est en argent, il est rigoureusement interdit au maître de l'employer à des travaux autres que ceux de sa profession ou s'y rattachant, comme par exemple le rangement et le nettoyage de l'atelier.

L'apprenti ne peut être employé à des travaux insalubres ou au-dessus de ses forces.

La loi du 13 mai 1895, quoique abrogée, fournit des indications utiles à ce sujet.

Enfin le maître doit prendre, dans l'atelier, toutes les mesures et les précautions nécessaires pour éviter que l'apprenti soit victime même de son imprudence ou de sa légèreté.

Toutes les infractions, de la part du maître, aux règles qui précèdent, peuvent donner lieu contre lui à une action en dommages-intérêts, ou même à la résiliation du contrat.

Page 47.

L'apprenti doit à son maître fidélité, obéissance et respect ; il doit l'aider, par son travail, dans la mesure de son aptitude et de ses forces.

Devoirs de l'apprenti.

L'apprenti doit être fidèle envers son maître, c'est-à-dire, probe, honnête, et ses infidélités constituent de véritables vols domestiques qui sont sévèrement réprimés.

Il doit être attentif aux conseils et à l'enseignement qui lui sont donnés, soumis aux ordres qu'il reçoit de son maître, respectueux envers lui dans son attitude et ses paroles.

Il ne devra jamais être l'objet ou la cause d'un scandale dans l'atelier.

Comme pour le patron, tout manquement à ces devoirs peut donner lieu contre lui à des dommages-intérêts, à la résiliation du contrat, ou à des peines sévères.

Page 50.

L'article 9 a déterminé la durée du travail hebdomadaire des apprentis, et toléré le nettoyage et le rangement de l'atelier.

La loi du 2 novembre 1892 l'a implicitement abrogé en réglant à nouveau le travail des femmes et des enfants dans les manufactures; cette dernière loi doit être appliquée aux apprentis.

Page 51.

Si l'apprenti réside chez le patron, celui-ci doit se conformer aux prescriptions des articles 4 et 7 de la loi du 28 mars 1882.

Si au contraire l'apprenti demeure chez ses parents, le maître doit lui laisser le temps nécessaire pour son instruction et même veiller à ce que l'enfant se rende à l'école aux heures convenues.

Page 52.

Le contrat est rompu nécessairement :

1° Par la mort du maître ou de l'apprenti ;

2° Si l'apprenti ou le maître est appelé au service militaire ;

3° Pour les filles mineures, dans le cas de décès de l'épouse ou de toute autre femme de la famille qui dirigeait la maison à l'époque du contrat.

Lorsque l'un de ces cas se présente, les tribunaux sont obligés de prononcer la résiliation du contrat.

Cette résiliation ne peut donner ouverture à aucune action en dommages-intérêts, mais si le prix de l'apprentissage était en argent, l'apprenti peut demander la restitution de tout ou partie des sommes payées, comme le maître de tout ou partie du prix du contrat.

Le contrat peut être résolu pendant les deux premiers mois de l'apprentissage, qui sont considérés comme un temps d'essai.

Enfin la résiliation du contrat peut résulter d'une décision de justice :

Dans le cas de manquement grave aux conditions du contrat.

De la durée du travail.

De l'instruction primaire de l'apprenti.

De la rupture du contrat.

Dans le cas d'infraction grave aux prescriptions de la loi.

Si le maître transporte sa résidence dans une commune autre que celle qu'il habitait lors de la convention, à la condition que la demande soit formée dans les trois mois du jour du changement de résidence.

Si le maître ou l'apprenti encourait une condamnation emportant emprisonnement de plus d'un mois.

Si l'apprenti vient à se marier.

Si le maître refuse de recevoir l'apprenti, ou si ce dernier se refuse à continuer son apprentissage, sans motifs légitimes.

Est licite et doit recevoir son exécution la clause pénale relative à la rupture non justifiée du contrat.

Le maître n'a aucun droit de rétention sur les effets personnels de l'apprenti qu'il lui a donnés comme conséquence de l'engagement qu'il a pris de le vêtir ; mais il peut lui être tenu compte de la valeur de ces effets si la résiliation est prononcée aux torts de l'apprenti.

Page 53.

Tout fabricant, chef d'atelier ou un ouvrier convaincu d'avoir détourné un apprenti de chez un maître pour l'employer en qualité d'apprenti ou d'ouvrier pourra être passible de tout ou partie de l'indemnité à prononcer au profit du maître abandonné.

Détournement de l'apprenti.

Page 58.

Les Conseils de prud'hommes sont compétents pour connaître de toutes difficultés relatives au contrat d'apprentissage, mais seulement pour les professions ressortissant à leur juridiction.

Compétence.

Les juges de paix sont incompétents pour connaître de ces mêmes contestations dans les cantons où existe un Conseil de prud'hommes ; cependant cette incompétence n'est que relative et doit être proposée *in limine litis*.

Page 59.

Les prud'hommes peuvent se transporter chez le maître

Procédure.

pour vérifier l'état du logement de l'apprenti et la nature du travail auquel il est soumis.

Ils peuvent ordonner une mesure provisoire, et charger l'un d'eux d'en surveiller l'exécution.

Page 60.

Tout délit tendant à troubler l'ordre et la discipline de l'atelier, tout manquement grave des apprentis envers leurs maîtres pourront être punis d'un emprisonnement qui n'excédera pas trois jours, sans préjudice de l'action publique.

Mais les Conseils de prud'hommes ne peuvent se saisir d'office des contraventions ; ils ne peuvent statuer que sur la plainte du maître.

L'action de celui-ci est indépendante de celle que le ministère public exercerait devant les tribunaux criminels.

Les jugements des Conseils de prud'hommes en matière répressive peuvent être attaqués par la voie de l'appel porté devant le Tribunal correctionnel.

Page 60.

APPLICATION DE LA LOI DU 27 DÉCEMBRE 1890

Le louage de services, fait sans détermination de durée, peut toujours cesser par la volonté d'une des parties contractantes.

La résiliation du fait d'un des contractants peut donner lieu à des dommages-intérêts.

Les tribunaux, pour la fixation de l'indemnité à allouer, le cas échéant, doivent tenir compte des usages, de la nature des services engagés, du temps écoulé, etc., et en général de toutes les circonstances qui peuvent justifier l'existence et déterminer l'étendue du préjudice causé.

Les parties ne peuvent renoncer par avance au droit éventuel de demander des dommages-intérêts :

1° Si le louage de services fait sans détermination de durée peut toujours cesser par la volonté d'une des parties contractantes, cette résiliation peut, néanmoins, donner lieu à des dommages-intérêts lorsque la partie, qui en est l'auteur, a fait de son droit *un usage abusif et préjudiciable* (Cass. 20 mars 1895).

2° Mais pour qu'une condamnation, de ce chef, soit également fondée, il faut que le jugement qui la prononce *relève les circonstances desquelles il fait résulter cette faute*, de manière à permettre à la Cour de cassation d'exercer sur ce point son contrôle *(ibidem)*.

3° Lors donc que l'ouvrier congédié n'a invoqué aucune convention l'autorisant à réclamer une indemnité en cas de brusque rupture du contrat, *ni aucune circonstance impliquant de la part du patron un abus de son droit de résiliation*, manque de base légale la décision qui, pour allouer au demandeur des dommages-intérêts, se fonde uniquement sur ce qu'il aurait été renvoyé sans délai-congé *(ibidem)*.

En effet, l'article 1780 du Code civil, modifié, n'impose nullement aux parties, en l'absence d'usage à cet égard, l'obligation de se donner mutuellement congé un certain temps d'avance.

4° *A fortiori*, le seul fait du défaut de congé préalable ne saurait rendre un patron passible de dommages-intérêts, alors que d'après les constatations mêmes du juge, s'il a renvoyé son ouvrier, c'est qu'il n'avait plus de travail à lui donner *(ibidem)*.

5° La liberté de résilier le contrat n'est limitée par la loi de 1890, à l'égard de l'ouvrier ou de l'employé, que par l'obligation de n'abandonner ses fonctions qu'après le temps nécessaire pour permettre au patron de pourvoir à son remplacement.

Des dommages-intérêts ne peuvent être réclamés à l'ouvrier qui, après avoir fait connaître son intention de rompre le contrat, est resté au service de son patron pendant plusieurs semaines, et ne l'a quitté que pour prendre un emploi avantageux, et non par caprice ou dans l'intention de nuire (Trib. civ. Seine, 19 nov. 1895).

6° Le juge ne peut repousser *de plano* une action en dommages-intérêts, par l'unique motif que, d'après l'article 1134 du Code civil, les conventions légalement formées tiennent lieu de loi à ceux qui les ont faites, et qu'en vertu de cet

article les parties ont pu légalement renoncer à tous dommages-
intérêts : *l'article 1780 du Code civil déroge sur ce point
spécial à l'article 1134.* (Cass. Ch. civ., 9 juin 1896.)

7° Toute convention légalement formée tenant lieu de loi
à ceux qui l'ont faite, est licite la convention réciproque par
laquelle le patron et l'ouvrier stipulent que chacun pourra se
séparer de l'autre *sans se prévenir à l'avance.*

Celle des parties qui *n'a point fait un usage abusif* de son
droit de résiliation n'est tenue envers l'autre *à aucune
indemnité.* (Trib. com. Lille, 26 mai 1891.)

8° Il est licite d'inscrire dans un règlement d'atelier la
suppression de tout délai de prévenance réciproque ; mais,
est illicite la renonciation à l'avance par l'une des parties au
droit éventuel de demander des dommages-intérêts basés sur
la rupture du contrat, dans le cas où cette rupture serait une
cause de préjudice. (Trib. com. Roubaix, 6 août 1891.)

9° Sont valables et licites les conventions intervenues entre
un patron et un ouvrier, aux termes desquelles, loin de renoncer
au droit qu'elles pourraient avoir en cas de brusque rupture
du contrat, *elles fixent au contraire et déterminent à l'avance
ce droit éventuel* d'après la durée des services de l'employé
et sa situation au jour de son départ.

10° La loi de 1890 n'a point abrogé l'article 1152 C. C.
édictant que, lorsque la convention porte que celui qui manquera de l'exécuter paiera une certaine somme à titre de
dommages-intérêts, *il ne peut être alloué à l'autre partie une
somme plus forte ni moindre.* (Trib. com. Seine, 3 juin 1893.)

11° Est licite la clause d'un règlement *acceptée par l'ouvrier,* stipulant une *indemnité réciproque déterminée,* à la
charge du patron en cas de brusque départ. (Trib. civ.
Lyon, 31 juillet 1895.)

12° Est licite et obligatoire la clause d'un règlement particulier qui *supprime* dans un atelier *tout délai de prévenance*
tant pour les ouvriers que pour le patron ; une telle clause ne
tombant point sous le coup de la nullité que prononce le
paragraphe 4 de la loi du 27 décembre 1890. (Cass. Ch. civ., 6
novembre 1895.)

13° Est *nul,* en matière de contrat de louage de services,

l'engagement pris par un employé qui déclare accepter la condition du congé immédiat, *sans indemnité*. (Trib. civ. Saint-Etienne, 17 novembre 1896.)

14° *Pourra être passible de dommages-intérêts* le patron qui aura brusquement renvoyé son ouvrier, sans pouvoir *alléguer contre lui aucun grief ni infraction au règlement, ni insubordination, ni incapacité, ni mauvais travail, qui n'invoquera pas davantage le manque d'ouvrage, mais seulement son bon plaisir*. (Trib. comm. Reims, 5 mai 1897.)

Il résulte donc et de la discussion qui a précédé le vote de la loi, et de l'état actuel de la jurisprudence, que ce que le nouvel article 1780 interdit dans son quatrième paragraphe, ce sont des renonciations générales au droit de demander des dommages-intérêts pour quelque cause que ce soit, mais que ce ne sont nullement les renonciations partielles limitées à tel ou tel droit contractuel, comme la suppression du délai de prévenance, ou la fixation de l'indemnité par des clauses pénales.

Page 70.

RÉSUMÉ DE LA JURISPRUDENCE RÉGIONALE

DE L'ARRONDISSEMENT DE REIMS (1)

L'embauchage est l'engagement de l'ouvrier par le patron. C'est l'acte qui constitue entre eux le contrat de louage de travail. Embauchage.

C'est à ce moment que doivent être déterminées et acceptées, de part et d'autre, les différentes conditions de ce contrat.

Ces conditions résultent tantôt d'un accord verbal, tantôt d'un règlement d'atelier, et quelquefois de l'accord verbal et du règlement, lorsque ce règlement ne comporte que la réglementation générale du travail et reste muet sur certaines conditions particulières, telles que la fixation des salaires.

Page 84.

(1) Cette jurisprudence peut trouver son application dans beaucoup de juridictions prud'homales, c'est la raison pour laquelle elle est précisée et longuement commentée.

Huitaine
d'essai.

La huitaine d'essai, en usage dans certaines régions, est admise par plusieurs Conseils de prud'hommes, et à Reims appliquée généralement dans toutes les Industries et plus particulièrement dans celle du bâtiment.

« Le patron et l'ouvrier qui se trouvent sous le régime de
» la huitaine peuvent réciproquement se quitter pendant les
» huit jours qui suivent l'embauchage et qui sont considérés
» comme huitaine d'essai, sans avertissement préalable, à
» moins de conventions contraires dûment établies. Pendant
» cette première huitaine, les parties contractantes sont néan-
» moins soumises à toutes les autres obligations résultant du
» droit, des usages et des conventions particulières arrêtées au
» moment de l'embauchage.

» Le délai expiré, le patron ne pourra plus arguer de l'in-
» capacité de son ouvrier, ni celui-ci des difficultés que peut
» présenter l'exécution du travail.

» Le Conseil, néanmoins, pourra toujours tenir compte des
» circonstances particulières de faits invoquées par les parties
» en faveur de leurs prétentions. »

Page 84.

Salaire.

En règle générale, le salaire doit être déterminé, autant que possible, au moment précis de l'embauchage.

« Dans l'industrie du bâtiment, si au moment de l'embau-
» chage, le patron et l'ouvrier n'ont pas déterminé le salaire
» de ce dernier, ils doivent le faire lors de la première paie
» qui suivra et au plus tard dans la quinzaine. Le patron qui
» ne provoquera pas cette entente s'exposera à se voir con-
» damner au maximum du prix payé dans le chantier où
» l'ouvrier travaille. »

Jugement du Conseil des prud'hommes de Reims
(10 Février 1897.)

Page 84.

Règlements
d'ateliers et
de chantiers.

« Obligation pour le patron de faire connaître à l'ouvrier
» qu'il engage, au moment de l'embauchage, les clauses du
» règlement de l'usine ou du chantier ; obligation d'en faire la
» preuve, le cas échéant ; à défaut de cette preuve, les parties

» scront considérées comme régies par la loi commune et les
» anciens usages. »

Jugement du Conseil de prud'hommes de Reims
(20 Janvier 1897.)

« Il ne suffit pas qu'un règlement soit affiché dans les
» ateliers et chantiers, ni déposé au Conseil de Prud'hommes,
» pour qu'il fasse la loi des parties ; il faut qu'il soit parfaite-
» ment établi qu'il a été connu et accepté des parties contrac-
» tantes, et qu'il ne contienne aucune clause contraire à la loi
» ou présentant un caractère abusif ou dolosif. »

(Décision prise par le Conseil de prud'hommes de Reims
dans son assemblée générale du 8 Mars 1897.)

Page 86.

OBSERVATIONS GÉNÉRALES

Les clauses d'un règlement d'atelier sont de deux sortes :
unilatérales ou synallagmatiques.

Les premières sont l'œuvre du patron comme maître dans
son usine ; elles constituent l'ensemble des mesures qu'il
croit devoir prendre pour l'organisation et la discipline du
travail. Ces clauses doivent être respectées par les juges
ainsi que les pénalités infligées en cas d'inexécution.

Les secondes sont celles qui fixent les salaires, dérogent à
des coutumes et à des usages généralement suivis et doivent
faire l'objet d'une convention formelle entre le patron et
l'ouvrier au moment de l'embauchage, conformément à l'article 1108. C. C.

Les premières peuvent être modifiées par le patron seul,
les secondes, non.

Est illicite, et par conséquent, *nulle de plein droit,* la clause
d'un règlement d'atelier aux termes de laquelle les parties
renoncent à réclamer des dommages-intérêts en cas de brusque
rupture du contrat.

Est licite la convention réciproque par laquelle le patron
et l'ouvrier déterminent la durée du délai de congé, ou
même suppriment tout préavis.

La fixation ou la suppression de ce délai n'entraîne pas par elle-même la renonciation au droit de demander des dommages-intérêts ; une telle clause a seulement pour effet de déroger aux usages locaux ; le droit à des dommages-intérêts résulte du fait qu'il y a eu *faute ou abus* dans l'exercice du droit de résiliation. Les tribunaux sont encore souverains appréciateurs. — Ainsi pourra être passible de dommages-intérêts le patron qui, pour renvoyer son ouvrier, invoquera seulement la clause de son règlement, et n'alléguera contre l'ouvrier aucun grief, ni insubordination, ni incapacité, ni mauvais travail, non plus que le manque d'ouvrage.

Est licite la convention aux termes de laquelle les parties fixent d'avance l'indemnité à payer en cas de rupture du contrat, *si cette indemnité a été sérieusement et équitablement fixée.* Dans ce cas, *elle fait forcément la loi des tribunaux.* Ceux-ci doivent toujours respecter les conventions établies par les parties *d'une façon loyale et équitable.*

Ils restent toutefois souverains appréciateurs de la loyauté et de l'équité des conventions.

Page 86.

Délais de pré-
venance.

Les patrons, d'accord avec leurs ouvriers, peuvent adopter tels délais de prévenance qui leur conviennent.

« Dans le cas de brusque renvoi, alors que le préavis est
» prévu, la somme versée par celle des parties qui a rompu
» le contrat n'est pas à proprement parler une indemnité,
» c'est la sanction d'un contrat légalement passé et l'exécu-
» tion d'une clause par celui qui prétend tirer profit, en s'y
» dérobant.

» En cas de différend, la partie lésée, qui en donne la
» preuve, peut toujours demander une indemnité. Le Conseil
» la fixera conformément aux principes posés par la loi du 27
» décembre 1890. A défaut de délais fixés à l'avance, on
» appliquera la huitaine, la quinzaine ou le mois, suivant les
» circonstances. »

(*Décision prise par le Conseil de prud'hommes de Reims
dans son assemblée générale* du 8 Mars 1897).

Page 90.

Situation particulière des ouvriers à titre de supplémentaires et de remplaçants.

Page 92.

Ouvriers sup-
plémentaires et
remplaçants.

« Les manquements aux engagements pris, les violences,
» les injures, les menaces autorisent la rupture immédiate du
» contrat sans indemnité. Cependant l'appréciation de ces
» faits appartient au Conseil. Celle des parties qui a ainsi
» provoqué cette rupture peut être l'objet d'une action civile
» en dommages-intérêts, et, en outre, selon le cas, d'une
» action pénale. »

Rupture du
contrat de
louage.

*(Décision prise par le Conseil de prud'hommes de Reims
dans son assemblée générale du 8 Mars 1897.)*

Page 94.

« Les dommages-intérêts, s'il en est dû, pour brusque
» rupture de contrat, sont déterminés par le Conseil qui prend
» en considération les différentes circonstances de la cause,
» ainsi que l'édicte le nouvel article 1780.
» L'ouvrier dont le travail défectueux est de nature à
» causer préjudice à son patron, doit à celui-ci, qu'il soit ou
» non immédiatement congédié, une indemnité en raison de
» ce préjudice.
» C'est au Conseil qu'il appartient de déterminer le
» montant de l'indemnité, en tenant compte des circonstances
» particulières de la cause, si les parties ne peuvent tomber
» d'accord sur ce point. »

Dommages
intérêts.

*(Décision prise par le Conseil de prud'hommes de Reims
dans son assemblée générale du 8 Mars 1897.)*

Page 96.

Celui qui fait construire n'est tenu envers les maçons,
charpentiers et autres ouvriers employés à la construction du
bâtiment, comme l'entrepreneur général vis-à-vis des sous-
entrepreneurs, que jusqu'à concurrence des sommes dont il se
trouve débiteur envers l'entrepreneur au moment où l'action
est intentée. *(Art. 1798, C. C.)*
De même l'ouvrier engagé par un sous-traitant n'a d'action

Marchandage.

contre l'entrepreneur général que jusqu'à concurrence des sommes dues par celui-ci à ce sous-traitant. *(Cassation, 27 avril 1863. Trib. comm. Seine, 9 août 1892.)*

L'entrepreneur général qui, au cours des travaux, a versé des acomptes aux ouvriers, peut, de ce fait, être directement engagé envers eux pour le surplus des travaux.

Page 99.

Préjugés.

Le congé peut être donné à toute heure de la journée, et à tel jour de la semaine ou du mois, sans qu'il soit besoin de tenir compte de l'époque de l'engagement ou du mode de paiement des salaires.

L'usage accorde à l'ouvrier pendant le temps du délai-congé deux heures par jour pour chercher du travail ; mais il n'a droit à aucun salaire pendant ces deux heures.

Chacun est responsable du dommage qu'il a causé par son fait, son imprudence ou sa négligence.

La présence d'un contremaître peut atténuer la responsabilité de l'ouvrier, mais ne l'en dégage pas complètement.

Les malfaçons produites par un ouvrier ne le dispensent pas de l'exécution de ses autres obligations, et c'est à tort qu'il prétend parfois pouvoir se dispenser de payer une amende ou de subir une retenue sur son salaire en quittant immédiatement l'atelier.

C'est à tort que beaucoup d'ouvriers pensent que l'indemnité qui peut leur être due pour brusque rupture du contrat doit être basée sur le mode de paiement de leurs salaires, huitaine, quinzaine ou mois ; cette indemnité est déterminée d'après la nature de l'emploi, la durée des fonctions, etc. *(Art. 1er de la loi du 27 décembre 1890.)*

L'ouvrier tisseur congédié alors que sa pièce est en cours de fabrication, n'a pas le droit de couper cette pièce pour faire établir le compte net qui lui est dû. Il ne peut que faire une marque, demander un acompte approximatif, et attendre pour le règlement définitif, que la pièce soit complètement terminée.

Il doit en être de même dans tout travail dont le salaire ne pourra être déterminé que lorsqu'il sera complètement achevé par un autre ouvrier.

Page 103.

La loi du 25 mai 1864 sur le droit de grève ou coalition, est exclusivement pénale. Elle a fait disparaître le caractère délictueux qui précédemment frappait toute coalition, et ne lui a laissé ce même caractère que si elle est accompagnée de violences, voies de fait ou manœuvres portant atteinte à la liberté du travail.

Elle n'autorise pas les ouvriers coalisés à violer les conventions formées entre eux et leurs patrons ; les délais d'usage qui doivent être observés par un seul individu, doivent l'être également par la collectivité ; et la grève ne peut être déclarée ou se produire qu'après l'expiration des délais de congé prévus par les usages ou les conventions.

Grèves.

Page 105.

La loi du 2 juillet 1890 a abrogé les lois antérieures relatives aux livrets d'ouvriers.

Cependant tout ouvrier peut, à l'expiration du contrat, exiger du patron un certificat *contenant exclusivement la date de son entrée, celle de sa sortie, et l'espèce de travail auquel il a été employé.*

En cas de refus du patron, ce refus donne ouverture à des dommages-intérêts au profit de l'ouvrier.

Ce certificat est exempt de timbre et d'enregistrement.

Livrets d'ou-
vriers.

Certificats.

Commentaires.

Page 119.

APPENDICE

Nous ne voulons pas terminer et publier cet ouvrage sans adresser quelques mots à nos collègues Prud'hommes de Reims, à tous ceux qui de près ou de loin, par leur assentiment ou par leur concours, ont été pour nous des collaborateurs.

Dans un but que l'on comprendra, nous avons dès l'origine fait part de nos travaux et de nos désirs aux Conseils de Prud'hommes de France et d'Algérie; la plupart ont répondu dans le sens que nous souhaitions, s'unissant à nous pour demander le relèvement de notre Tribunal dont la mission peut être si haute. Les encouragements, les témoignages de sympathique communauté de sentiments nous sont arrivés de toutes parts; et nous devons un remerciement bien sincère aux Conseils qui de façon indirecte ont participé à nos études.

Nous tenons à cœur de remercier en même temps M. le Ministre du Commerce et de l'Industrie et MM. les Directeurs du Travail et de l'Industrie et de l'Office du Travail qui d'abord se sont intéressés à nos communications, et nous ont donné ensuite leur appui officiel pour mener à bien l'œuvre de conciliation sociale que nous avons entreprise.

Mais nous avons été particulièrement touchés d'un hommage auquel nous avons été d'autant plus sensibles qu'il venait précisément d'hommes à qui nous nous adressions dans notre livre, dont nous avions essayé de définir les droits et les devoirs. La Société Industrielle de Reims a décerné, à la première édition de cet ouvrage lors de sa dernière réunion, une médaille de vermeil, et M. Siegfried, sénateur de la Seine-Inférieure, ancien ministre du Commerce et de l'Industrie, qui présidait cette réunion, nous a remis cette médaille en présence des ouvriers, des employés et des patrons de notre industrie locale. Cette approbation, que nous estimons d'une haute valeur, nous a été précieuse plus que nous ne saurions le dire.

Enfin, nous devons exprimer à M. Paul Beauregard, le professeur si connu et si aimé de notre jeunesse française, notre gratitude pour nous avoir guidés dans notre dessein, et pour avoir, parmi les premiers, compris que ce dessein était tout d'union et de concorde. Nous n'oublierons pas non plus M. J. Jacquey, le distingué professeur de l'école de droit de Lille, qui nous a lui aussi prêté un si précieux concours.

CONSEILS DE PRUD'HOMMES

DE FRANCE ET D'ALGÉRIE

AIN

VILLEBOIS (13 mars 1891), 12 membres.

AISNE

BOHAIN (28 novembre 1872), 12 membres.

GUISE (16 avril 1864), 12 membres.

SAINT-QUENTIN (21 décembre 1808. — 21 avril 1836. — 10 décembre 1845. — 27 mai 1848. — 2 décembre 1850. — 28 novembre 1872. — 30 décembre 1884), 8 membres.

ALLIER

MONTLUÇON (9 juin 1882), 12 membres.

ALPES-MARITIMES

CANNES (19 mars 1885), 20 membres.

NICE (27 novembre 1874), 12 membres.

ARDÈCHE

ANNONAY (8 juillet 1858), 16 membres.

PRIVAS (11 avril 1839), 6 membres.

ARDENNES

CHARLEVILLE (8 mai 1888), 16 membres.

RETHEL (2 février 1825. — 3 novembre 1854), 14 membres.

SEDAN (23 août 1808. — 3 janvier 1848. — 15 avril 1850. — 4 mai 1855. — 10 novembre 1881), 16 membres.

AUBE

ROMILLY-SUR-SEINE (24 décembre 1864. — 26 juillet 1872), 10 membres.

TROYES (7 mai 1808. — 17 avril 1820. — 16 septembre 1850. — 26 août 1865. — 27 novembre 1874. — 17 août 1886), 16 membres.

AUDE

CARCASSONNE (22 octobre 1808), 10 membres.

LIMOUX (15 octobre 1809), 8 membres.

NARBONNE (22 novembre 1888), 12 membres.

AVEYRON

MILLAU (16 mai 1870), 12 membres.

BOUCHES-DU-RHONE

AIX (16 juillet 1886), 12 membres.

MARSEILLE (5 septembre 1810. — 12 décembre 1818. — 10 juillet 1848. — 16 septembre 1850. — 7 février 1878), 18 membres.

CALVADOS

CAEN (12 août 1822. — 28 avril 1851), 18 membres.

CONDÉ-SUR-NOIREAU (9 janvier 1832. — 16 février 1852. — 9 juillet 1870), 10 membres.

FALAISE (27 août 1883), 16 membres.
LISIEUX (27 mars 1858. — 12 août 1878), 16 membres.
VIRE (26 octobre 1814. — 23 octobre 1852), 16 membres.

CHARENTE

ANGOULÊME (4 septembre 1847. — 14 juin 1872), 20 membres.
COGNAC (14 avril 1880), 12 membres.

CHARENTE-INFÉRIEURE

ROCHEFORT (1er septembre 1893), 12 membres.
LA ROCHELLE (7 février 1894), 12 membres.

CHER

BOURGES (28 mars 1881. — 10 juillet 1891), 24 membres.
VIERZON (27 mai 1891), 14 membres.

COTE-D'OR

DIJON (9 mars 1864. — 10 février 1882), 20 membres.

CREUSE

AUBUSSON (11 mars 1834), 8 membres.

DORDOGNE

PÉRIGUEUX (23 avril 1881), 16 membres.

DOUBS

BESANÇON (27 juillet 1859. — 30 novembre 1862. — 10 décembre 1868), 24 membres.
MONTBÉLIARD (19 mars 1885), 10 membres.

DROME

ROMANS (17 novembre 1887), 12 membres.

EURE

BERNAY (13 juin 1845. — 22 novembre 1863. — 27 janvier 1888), 14 membres.

BRIONNE (12 septembre 1851), 14 membres.
ÉVREUX (2 février 1836. — 2 décembre 1850. — 4 février 1865), 14 membres.
LOUVIERS (7 août 1810. — 26 février 1823. — 1er février 1855), 12 membres.
PONT-AUDEMER (11 décembre 1864), 14 membres.

FINISTÈRE

BREST (5 décembre 1866. — 25 novembre 1869. — 13 novembre 1871), 20 membres.
MORLAIX (31 juillet 1897), 12 membres.

GARD

ALAIS (11 avril 1811. — 8 mai 1854. — 25 novembre 1869), 18 membres.
ANDUZE (9 décembre 1854), 16 membres.
NIMES (27 septembre 1807. — 2 février 1820. — 23 juillet 1849. — 8 septembre 1853. — 16 août 1881. 29 novembre 1884. — 9 mai 1890), 36 membres.

GARONNE (HAUTE-)

TOULOUSE (25 novembre 1850. — 28 novembre 1872), 18 membres.

GIRONDE

BORDEAUX (3 décembre 1856. — 16 mars 1874. — 8 mars 1897), 26 membres.

HÉRAULT

BÉDARIEUX (15 avril 1881. — 16 février 1876), 12 membres.
BÉZIERS (14 avril 1880. — 3 novembre 1882. — 14 mai 1886), 16 membres.
CETTE (26 juin 1850. — 1er février 1870), 20 membres.
CLERMONT-L'HÉRAULT (6 juillet 1810. — 24 mars 1875), 12 membres.
LODÈVE (22 juin 1810. — 21 juin 1888), 12 membres.
MONTPELLIER (23 août 1875. — 5 novembre 1883. — 22 novembre 1892), 20 membres.

ILLE-ET-VILAINE

FOUGÈRES (2 octobre 1889. — 21 mars 1893), 14 membres.
RENNES (8 décembre 1862. — 19 décembre 1866. — 5 décembre 1869), 14 membres.

INDRE

CHATEAUROUX (16 mars 1894), 12 membres.

INDRE-ET-LOIRE

TOURS (3 juin 1818. — 10 mars 1819. — 8 mai 1854. — 5 novembre 1869), 16 membres.

ISÈRE

GRENOBLE (16 mars 1851. — 18 juin 1864. — 6 juillet 1870. — 12 août 1886), 22 membres.
LA TOUR-DU-PIN (23 mai 1866. — 16 mars 1867), 12 membres.
MONTALIEU-VERCIEU (23 mai 1866. — 16 mars 1867. — 4 août 1874), 12 membres.
VIENNE (26 mai 1824. — 20 janvier 1864. 14 juin 1864. — 6 août 1874), 20 membres.
VOIRON (16 juillet 1886), 12 membres.

JURA

SAINT-CLAUDE (31 mars 1892), 14 membres.

LOIR-ET-CHER

BLOIS (22 novembre 1893), 12 membres.
ROMORANTIN (16 mars 1851), 12 membres.

LOIRE

CHARLIEU (21 février 1855. — 24 mars 1858. — 28 novembre 1884. — 28 Juillet 1895), 12 membres.
CHAZELLES-SUR-LYON (3 octobre 1882), 8 membres.

RIVE-DE-GIER (10 juillet 1896), 14 membres.
ROANNE (23 mai 1843. — 31 juillet 1851. — 27 septembre 1896), 18 membres.
SAINT-CHAMOND (14 juillet 1811. — 12 octobre 1854), 12 *membres*.
SAINT-ÉTIENNE (*Industries diverses*). — (22 juin 1810. — 4 novembre 1829. — 12 mars 1859. — 12 août 1878. — 31 août 1885), 12 membres.
SAINT-ÉTIENNE (*Tissus*). — (31 août 1885), 16 membres.

LOIRE (HAUTE-)

LE PUY (18 juin 1843. — 26 avril 1856), 16 membres.
SAINT-DIDIER-LA-SÉAUVE (27 août 1883), 12 membres.

LOIRE-INFÉRIEURE

NANTES (21 juillet 1840. — 21 octobre 1848. — 17 juillet 1854), 20 membres.
SAINT-NAZAIRE (7 avril 1866), 8 membres.

LOIRET

ORLÉANS (12 avril 1811. — 24 janvier 1852. — 10 mai 1870), 14 membres.

MAINE-ET-LOIRE

ANGERS (16 avril 1870), 20 membres.
CHOLET (8 septembre 1822. — 8 mai 1854), 8 membres.

MARNE

CHALONS-SUR-MARNE (9 mars 1826. — 26 octobre 1849. — 12 août 1878), 16 membres.
REIMS (28 novembre 1809. — 25 juillet 1870), 26 membres.

MAYENNE

LAVAL (7 juin 1826. — 22 octobre 1851), 14 membres.
MAYENNE (20 mai 1840), 8 membres.

MEURTHE-ET-MOSELLE

LUNÉVILLE (4 mars 1854. — 17 novembre · 1874), 12 membres.
NANCY (5 avril 1827. — 10 février 1830. — 26 octobre 1849. — 3 octobre 1882), 22 membres.

MEUSE

BAR-LE-DUC (29 novembre 1814. — 25 décembre 1822. — 5 octobre 1811. — 6 mai 1887), 16 membres.

MORBIHAN

LORIENT (30 juillet 1885), 16 membres.

NORD

ARMENTIÈRES (22 mai 1825. — 4 décembre 1829. — 16 mai 1870. — 7 février 1876), 18 membres.
CAMBRAI (21 septembre 1812. — 24 septembre 1819. — 31 août 1867), 12 membres.
CATEAU (LE) (18 juillet 1841. — 12 septembre 1851), 12 membres.
COUSOLRE (1er décembre 1882), 12 membres.
DOUAI (13 avril 1825. — 10 décembre 1849. — 30 juin 1860. — 14 mai 1886. — 13 juin 1894), 18 membres.
DUNKERQUE (17 juin 1865. — 13 mai 1889), 12 membres.
FOURMIES (14 novembre 1881), 24 membres.
HALLUIN (30 novembre 1862. — 5 juillet 1865), 8 membres.
HAZEBROUCK (16 mars 1867), 8 membres.
LILLE (6 juillet 1810. — 9 mars 1812. — 3 septembre 1834. — 5 janvier 1870. — 17 mai 1882), 24 membres.
MAUBEUGE (14 novembre 1881), 22 membres.
ROUBAIX (7 août 1810. — 26 mai 1846. — 13 juillet 1876. — 10 juin 1887), 24 membres.

TOURCOING (4 juillet 1821. — 2 décembre 1850), 16 membres.
VALENCIENNES (30 mai 1835. — 8 septembre 1846. — 3 mai 1850. — 17 juillet 1877. — 21 février 1888), 22 membres.

OISE

BEAUVAIS (24 août 1891), 16 membres.

ORNE

ALENÇON (28 août 1813. — 5 juin 1858. — 25 juillet 1870. — 24 décembre 1885), 16 membres.
FERTÉ-MACÉ (LA) (19 novembre 1855. — 26 novembre 1856. — 2 novembre 1875), 20 membres.
FLERS (22 juillet 1847. — 16 septembre 1850. — 4 mars 1863. — 2 juillet 1873), 24 membres.
TINCHEBRAY (7 octobre 1863. — 2 juillet 1886), 10 membres.

PAS-DE-CALAIS

BAPAUME (8 avril 1832. — 21 novembre 1887), 10 membres.
BOULOGNE-SUR-MER (7 juillet 1856. — 21 novembre 1896), 16 membres.
CALAIS (19 janvier 1825. — 3 janvier 1848. — 22 novembre 1863. — 26 octobre 1886), 24 membres.
SAINT-OMER (10 mai 1865), 14 membres.

PUY-DE-DOME

CLERMONT-FERRAND (8 avril 1865), 30 membres.
THIERS (19 août 1808. — 21 mars 1821. — 16 mars 1851. — 24 décembre 1864. — 9 juin 1870. — 31 mai 1877), 12 membres.

RHIN (HAUT-)

BELFORT (10 novembre 1881. — 10 décembre 1885), 14 membres.

RHONE

AMPLEPUIS (6 janvier 1811), 8 membres.
LYON *(Soierie)*. — (16 mars 1806. — 8 novembre 1810. — 18 mai 1870. — 27 avril 1878 — 23 août 1881. — 26 janvier 1882. — 23 décembre 1889), 40 membres.
LYON *(Industries du bâtiment et industries diverses)*. — (6 mars 1876. — 15 janvier 1879. — 23 décembre 1889), 24 membres.
TARARE (22 décembre 1809. — 11 février 1863. — 20 juillet 1867), 12 membres.
THIZY (4 avril 1850. — 8 août 1870. — 22 juillet 1879), 12 membres.
VILLEFRANCHE (9 mars 1832. — 2 décembre 1850), 10 membres.

SARTHE

MAMERS (4 mai 1812. — 23 mai 1820), 8 membres.
MANS (LE) (18 août 1862. — 14 octobre 1871), 16 membres.

SEINE

PARIS *(Conseil des métaux et industries diverses)*. — (29 décembre 1844. — 9 juin 1847. — 26 juillet 1858. — 8 mars 1890), 30 membres.
PARIS *(Conseil des Tissus)*. — (9 juin 1847. — 26 juillet 1858. — 8 mars 1890), 32 membres.
PARIS *(Conseil des produits chimiques)*. — (9 juin 1847. — 26 juillet 1858. — 8 mars 1890), 32 membres.
PARIS *(Conseil du bâtiment)*. — (9 juin 1847. — 26 juillet 1858. — 8 mars 1890), 44 membres.

SEINE-INFÉRIEURE

BOLBEC (12 décembre 1818. — 10 avril 1861. — 28 novembre 1884), 14 membres.
DARNETAL (13 juillet 1883), 8 membres.
ELBEUF (21 avril 1819. — 24 mai 1855. — 23 novembre 1857. — 3 février 1864), 16 membres.

FÉCAMP (27 septembre 1887), 8 membres.
HAVRE (LE) (12 octobre 1854. — 11 août 1859. — 6 mars 1875. — 27 novembre 1876), 24 membres.
PAVILLY (13 juillet 1883), 10 membres.
ROUEN (20 juin 1807. — 12 décembre 1818. — 17 juillet 1854), 20 membres.

SEINE-ET-OISE

VERSAILLES (21 novembre 1894), 14 membres.

SÈVRES (DEUX-)

NIORT (6 mai 1818. — 16 septembre 1848. — 29 novembre 1888), 14 membres.

SOMME

ABBEVILLE (19 mai 1819. — 18 août 1866), 18 membres.
AMIENS (26 octobre 1814. — 12 avril 1856), 26 membres.
FRIVILLE-ESCARBOTIN (3 octobre 1882. — 3 février 1885), 8 membres.

TARN

ALBI (17 janvier 1876), 8 membres.
CASTRES (16 avril 1823), 14 membres.
MAZAMET (26 avril 1856), 10 membres.

VAR

TOULON (18 février 1895), 16 membres.

VAUCLUSE

AVIGNON (2 février 1808. — 17 avril 1849. — 3 juin 1857. — 17 juillet 1884), 34 membres.

VIENNE

CHATELLERAULT (16 juillet 1869. — 23 octobre 1886), 8 membres.
POITIERS (12 août 1874), 16 membres.

VIENNE (HAUTE-)

LIMOGES (3 mars 1825. — 20 février 1848. 23 octobre 1869. — 17 avril 1880. — 12 février 1886. — 18 février 1895), 22 membres.

SAINT-JUNIEN (17 juin 1865), 12 membres.

VOSGES

ÉPINAL (17 juillet 1856. — 12 août 1878. — 12 août 1886), 18 membres.

SAINT-DIÉ (5 mars 1877), 16 membres.

YONNE

AUXERRE (10 juillet 1896).

ALGÉRIE

ALGER (20 février 1883), 20 membres. — *Assesseurs musulmans.* — 10 membres.

BONE (17 juillet 1884), 14 membres. — *Assesseurs musulmans.* — 8 membres.

CONSTANTINE (1er décembre 1882), 16 membres. — *Assesseurs musulmans.* — 10 membres.

ORAN (13 avril 1885. — 1er mai et 15 décembre 1894), 12 membres. — *Assesseurs musulmans.* — 4 membres.

PHILIPPEVILLE (18 septembre 1893), 12 membres.

SIDI-BEL-ABBÈS (10 mai 1896), 16 membres. — *Assesseurs musulmans.* — 2 membres.

TABLE DES MATIERES

Reims — Imp. Indép. Rémoise — J. Justinart.

（

www.ingramcontent.com/pod-product-compliance
Lightning Source LLC
Chambersburg PA
CBHW072344200326
41519CB00015B/3660